Barbara Böttner

Vollwertkost
aus aller Welt

BLV Verlagsgesellschaft
München Wien Zürich

CIP-Kurztitelaufnahme der Deutschen
Bibliothek

Böttner, Barbara:
Vollwertkost aus aller Welt /
Barbara Böttner. [Fotos: Autorin]. –
München; Wien; Zürich:
BLV Verlagsgesellschaft, 1987.
  (BLV Idee & Praxis:
  Essen und genießen; 542/543)
  ISBN 3-405-13436-6

NE: BLV Idee und Praxis /
Essen und genießen

BLV Idee & Praxis
Essen und genießen 542/543

Das Werk einschließlich aller seiner Teile
ist urheberrechtlich geschützt. Jede
Verwertung außerhalb der engen Grenzen
des Urheberrechtsgesetzes ist ohne
Zustimmung des Verlags unzulässig und
strafbar. Das gilt insbesondere für
Vervielfältigungen, Übersetzungen,
Mikroverfilmungen und die Einspeicherung
und Verarbeitung in elektronischen
Systemen.

© 1987 BLV Verlagsgesellschft mbH,
München
8000 München 40

Titelfoto und S. 2: Studio Teubner, Füssen
Alle anderen Fotos: Autorin

Satz und Druck: Appl, Wemding
Bindung: R. Oldenbourg, München

Printed in Germany · ISBN 3-405-13436-6

Zu den Rezepten

Alle Rezepte sind, wenn nicht anders
angegeben, für 4 Personen berechnet.

Für viele Gerichte werden spezielle Zutaten verwendet, insbesondere mehr
oder weniger unbekannte Gewürze.
Sie werden in jedem Kapitel beschrieben. Das eigene Register am Ende des
Buches erleichtert Ihnen das Nach-
schlagen.

Verwendete Abkürzungen

g   Gramm
kg Kilogramm
TL Teelöffel
EL Eßlöffel
l   Liter
TK Tiefkühlkost

Zu diesem Buch

So erstaunlich es für uns Europäer klingen mag: Die meisten Menschen dieses Planeten sind (mehr oder weniger) Vegetarier! Allerdings würden sich diese Völker nicht alle als »Vegetarier« bezeichnen. Aber seit sich die Jäger und Sammler der Urzeiten zum Ackerbau und zur Viehzucht entschlossen, hat der Mensch sich hauptsächlich von Getreide und Gemüse ernährt. Diese Kost wurde und wird mit Milch und Eiern, Fisch und Fleisch ergänzt. Auch dort, wo ein Volk aus religiösen oder ethischen Gründen den Verzehr von Fleisch ablehnt, werden meistens Milchprodukte, Eier und manchmal auch Fisch gegessen. Die Hauptnahrung in den außereuropäischen Ländern ist aber bis heute Getreide.

In manchen dieser Länder hat sich eine ausgesprochen schlemmerhafte Cuisine entwickelt, in der Fleisch überhaupt nicht vorkommt oder nur eine untergeordnete – obwohl sehr geschätzte – Rolle spielt. Als Hauptgericht kommt es nur bei wenigen, reichen Leuten auf den Tisch oder zu besonders festlichen Anlässen. Ob unsere »fleischige« Realität die gesündeste ist, wird heutzutage von Ärzten und Ernährungswissenschaftlern immer mehr bezweifelt. Überkonsum an Fleisch bedeutet gleichzeitig Unterkonsum an vitalstoffreichem Gemüse, Verdrängung der lebenswichtigen Getreide, überhöhten Konsum von Cholesterin und Mangel an Ballaststoffen, Mineralien und Spurenelementen.

Natürlich gibt es eine traditionelle europäische »Volksküche«, die einfache »Bauernkost« früherer Generationen, die von den »neuen Vegetariern« und Vollwertköstlern mit Begeisterung aufgenommen wird. Aber unsere Reisen in ferne Länder, unsere Erfahrungen mit der Küche dieser Länder, haben uns auch neugierig gemacht. Daß diese phantasievollen, exotischen und trotzdem einfachen Gerichte für uns auch leicht nachzukochen sind, möchte ich in diesem Buch beweisen.

Ich habe mich seit Jahren mit chinesischer, arabischer, jüdischer, indischer und mexikanischer Küche beschäftigt, wahrscheinlich weil ich als gebürtige New Yorkerin diese fremden Speisen genausogut kenne wie Hamburger und Coca-Cola. Die Schulspeisung meiner Jugend schloß Pizza, Curry, Egg Fu-Yong, Felafel und Chile con carne genauso ein wie Erdnußsuppe und Kentucky Fried Chicken – es waren eben »amerikanische« Speisen. Ausprobiert habe ich die Speisen seit Jahrzehnten bei allen Freunden und Gästen, die ich nur anlocken konnte – und meine »Versuchspersonen«, jung und alt, Deutsche wie Ausländer, haben dankend und begeistert geschmatzt! Am meisten bin ich meinem lieben Volker und meiner Tochter Jessica dankbar, die sich mit unverwüstlichem Appetit und unerschrockenem Gaumen durch alle Länder dieses Buches durchgegessen – und genossen – und mich zu immer weiteren Versuchen ermuntert haben.

Viel Genuß auf Ihrer Entdeckungsreise wünsche ich auch Ihnen!

Barbara Böttner

Inhalt

Die chinesische Vollwertküche

Sie gehört zu den größten und berühmtesten Küchen der Welt, die chinesische Cuisine. Eine unglaublich breite Palette von Gerichten bietet dieses Land, das eine Eßkultur mit über 3000 Jahre alter Tradition aufweist.

Das, was sich bei uns als »China-Küche« eingebürgert hat, ist ein trauriger Abklatsch echter chinesischer Cuisine – zuviel Fleisch und Bindemittel, Gemüse aus der Dose, eintönige Gewürze, fader und kraftloser weißer Reis und dünne Suppen! Die ursprünglichen Rezepte sind ganz anders – die chinesische Küche legt großen Wert auf Frische, Würze und Farbe. Brennstoff ist knapp, die Garzeiten daher kurz. Fleisch ist teuer und wird hauptsächlich als Geschmackselement eingesetzt. Gemüse wird knackig-frisch verwendet und nur in kürzesten Zeiten gegart. Und die vielen Soßen, Gewürze und Beilagen sorgen für einen überraschenden Abwechslungsreichtum.

Die klassische chinesische Küche kennt keine Rohkost. Vielleicht haben hygienische Zustände dies verboten (Kopfdüngung wird heute noch praktiziert); in unserem Klima ist das kein Problem. Daher habe ich die ursprünglich gekochten Salate in diesem Rezeptteil umgeändert, um ausreichende Frischkost auf den Tisch bringen zu können, die wesentlicher Bestandteil der Vollwertkost ist.

China

SPEZIELLE ZUTATEN

In der chinesischen Küche kommen viele Zutaten vor, die uns Europäern weitgehend unbekannt sind. Je authentischer Sie kochen wollen, um so mehr können Sie in dieser kulinarischen Neuwelt auf Entdeckungsreise gehen. In den meisten Großstädten Europas gibt es inzwischen Asienläden, in denen diese Zutaten zu finden sind. Und wenn Sie am Anfang nicht so »authentisch« kochen wollen, können Sie die in der folgenden Übersicht empfohlenen Ersatz-Zutaten ebensogut einsetzen!

Arrowroot
Siehe Pfeilwurzelmehl.

Austernsoße
Weit verbreitet in der asiatischen Küche. Ein süß-saurer, würziger Austernextrakt, in Flaschen erhältlich. Als Ersatz kann dunkle Sojasoße, gewürzt mit Honig und Hefeextrakt, dienen: 3 EL Sojasoße mit 1 TL Honig und ½ TL Hefeextrakt.

Bambussprossen
In Dosen erhältlich, ziemlich neutral im Geschmack. Frische Bambussprossen schmecken dagegen fantastisch, sind aber in Europa kaum erhältlich. Dosensprossen können Sie durch Spargel oder Möhren ersetzen.

Bohnensoße
In Dosen erhältlich. Kleine, braune Bohnen in Soße, sehr würzig, nur in kleinen Mengen verwenden.

Chinesische Petersilie, Cilantro
Siehe Korianderkraut.

Chiliöl
Sehr beliebt in der südchinesischen Küche und in Südostasien. Ein sehr scharfes, rotes Öl, tropfenweise zu verwenden. Tabasco als Ersatz.

Chinapfeffer oder Szechuan-Pfeffer
Eine milde, würzige Pfefferart, sehr aromatisch, ohne Ersatz. Schwarzen Pfeffer könnte man verwenden.

Eingelegtes Gemüse
Das Gemüse, z.B. Kohl oder Gurke, ist salzig, sauer und scharf eingelegt (im Geschmack etwa wie Sauerkraut mit Chilischoten). Es wird gewürfelt oder in Streifen geschnitten und in Suppen oder pfannengerührte Gerichte gegeben, um eine pikante Note zu erreichen. Sie könnten es ersetzen durch saure Gurken oder milchsaures Gemüse, aber der besondere Geschmack fehlt dabei.

Hoisinsoße
Oft als »chinesisches Ketchup« bezeichnet. Hoisinsoße gibt Soßen einen wunderbaren, würzigen Geschmack. Sie läßt sich ersetzen durch eine Mischung aus Sojasoße und Tomatenketchup, mit Knoblauch und ein bißchen Honig abgeschmeckt.

Ingwer
Frische Ingwerwurzel ist eine unentbehrliche Zutat in der asiatischen Küche. Heutzutage ist sie in fast jedem gutsortierten Gemüseladen erhältlich.

Die Wurzeln müssen nicht geschält werden. Mengen bei Ingwer sind meistens in Zentimetern angegeben.

Korianderkraut (Cilantro oder Chinesische Petersilie)

Im Aussehen wie Kerbel oder flachblättrige Petersilie, aber von unbeschreiblichem Geschmack. Durch nichts zu ersetzen. In Asienläden, manchmal auch in Feinkostabteilungen von großen Warenhäusern zu bekommen. Sie können es aus dem normalen Koriander-Gewürzsamen auf der Fensterbank selbst ziehen.

Krabben, getrocknet

Kleine, salzige Krabben, die einen kräftigen Fischgeschmack haben. Sie werden überall in Asien verwendet, auch als Knabberei! In den Rezepten können Sie sie durch eine Prise Hummer- oder Krabben-Suppenpaste (Konzentrat) ersetzen, die Sie in jedem Fischgeschäft bekommen.

Lilienblüten, getrocknet

Die Knospen von Tageslilien, in Cellophantüten in Chinaläden zu bekommen. Mild-würzig im Geschmack, kein Ersatz.

Misopaste

Fermentierte Sojabohnenpaste, oft mit einer Beimischung von Gerste oder Reis. *Helles* Miso ist mild, fast süß im Geschmack, *dunkles* Miso ist kräftiger und würziger. Miso wird in Wasser aufgelöst und in Suppen und Soßen erhitzt; es soll nicht gekocht werden. In Bioläden erhältlich. Hefepaste als Ersatz.

Mu-Err-Pilze

Schwarze, gallertartige Pilze mit wenig Geschmack, aber einer interessanten Konsistenz. Werden sehr häufig in Suppen und pfannengerührten Gerichten verwendet.

Pfeilwurzelmehl (Arrowroot)

Ein stärkehaltiges Pulver, gewonnen aus den Wurzeln einer westindischen Pflanze. Mineralstoffreich und neutral im Geschmack, das ideale Bindemittel für Soßen. Als Ersatz Speisestärke.

Reisessig

Asiatische Spezialität mit milder Säure. Durch Apfelessig zu ersetzen.

Schwarze Bohnen, fermentiert

Kleine, weiche, trockene Bohnen mit einem kräftigen, fast schokoladenähnlichen Geruch und einem intensiven, salzig-würzigen Geschmack. Ein Teelöffel davon reicht, um einem Gericht einen herrlichen Duft zu geben. Kein Ersatz.

Sesamöl

Ungeröstetes, kaltgepreßtes Sesamöl ist das bevorzugte Öl der asiatischen Küche – allerdings ist es sehr teuer, es kann durch preiswertere Öle ersetzt werden. *Geröstetes* Sesamöl ist ein Würzmittel mit einem sehr intensiven Duft. Es wird nur teelöffelweise nach dem Kochen in die Speisen gerührt!

Shiitake-Pilze

Chinesische und japanische Spezialität. Dicke, fleischähnliche Pilze, die eingeweicht in die Speisen kommen und einen unnachahmlichen Geschmack geben. Sie sind sehr teuer, werden aber nur in kleinen Mengen verwendet. Es gibt keinen geeigneten Ersatz dafür; unsere Steinpilze z.B. haben einen völlig anderen Geschmack.

Sojasoße

Gibt es in vielen Qualitäten. Echte *Tamari*-Sojasoße ist dunkel, schwer und fast dickflüssig. Das beste Tamari wird direkt aus Japan importiert und ist fast nur in Bioläden erhältlich – versuchen Sie, echte MAN-SAN-Tamari zu bekommen. *Shoju*-Sojasoße ist leichter und hat einen milderen Geschmack. *Pilz*-Sojasoße und *Fisch*-Sojasoße sind ebenfalls in Asienläden zu bekommen.

Szechuan-Pfeffer

Siehe Chinapfeffer.

Tofu

Ist ein fester, eiweißreicher Sojabohnen-»Käse«, grauweiß und fast geschmacklos. Er wird wie Fleisch, Ei oder Käse verschiedentlich verwendet. *Getrockneter* Tofu wird in flachen, lederähnlichen Blättern angeboten und muß eingeweicht werden. In Bioläden und Reformhäusern zu bekommen.

Wasserkastanien

Kleine, knackige Wurzeln, in Konsistenz und Geschmack mit frischer Kokosnuß vergleichbar. Zu ersetzen durch Topinambur (ein einheimisches Knollengewächs), Kokosfleisch oder Möhren.

KOCHMETHODEN

Die Kochmethoden in der chinesischen Küche sind für uns etwas fremd. Ich habe sie deshalb nicht hier zusammengefaßt dargestellt, sondern den nach diesen Methoden gegliederten Rezepten ganz ausführlich vorangestellt.

Drei spezielle Kochmethoden werden unterschieden:

▷ »Chow« oder Pfannenrühren (Seite 12)
▷ »Jing« oder Dämpfen (Seite 20)
▷ »Lo Suey« oder Rotkochen bzw. Kochen/Schmoren in Sojasoße (Seite 23).

MAHLZEITEN

Jedes Gericht einer Mahlzeit wird mit einem gegensätzlichen kombiniert – ein weiches Gericht (z.B. Nudeln mit Tofu) mit einem knackigen (z.B. Paprika mit Erdnüssen), ein scharfes mit einem milden, ein trockenes Gericht mit einem mit viel Soße, feingeschnittene Zutaten mit gröberen. Suppen werden in der chinesischen Küche nicht als Vorspeise, sondern als Beilage serviert. Auch Süßspeisen werden mit den würzigen Gerichten serviert und nicht erst als Schlußpunkt einer Mahlzeit. Die Schüsseln werden alle auf den Tisch gestellt, und jeder bedient sich daraus nach Geschmack und Laune. Pikante Beilagen, wie z.B. Entensoße oder saure Gemüse, gehören ebenfalls mit auf den Tisch.

China

Ein normales chinesisches Essen besteht fast immer aus Reis, einer klaren Suppe und ein oder zwei Gemüse- oder Fleischgerichten von verschiedenem Geschmack.

Reis
Grundzubereitung

1 Teil Langkorn-Naturreis,
2 Teile Wasser,
Salz

Wichtig für das Gelingen von Reis ist ein Topf mit festschließendem Deckel, am besten auch mit schwerem Boden, der Wärme speichern kann.
Wasser zum Kochen bringen, leicht salzen. Reis einstreuen, einmal umrühren, Deckel schließen, auf kleinste Hitze schalten und 30 Minuten quellen lassen, ohne den Deckel zwischendurch abzuheben. Die Körner umrühren und probieren. Wenn Sie nach Ihrem Geschmack noch zu fest sind, 3 EL Wasser dazugeben und weitere 10 Minuten garen.

Hinweise
Wenn der Deckel nicht fest genug schließt, verdampft das Wasser zu schnell, und die Körner bleiben hart. Um dies zu verhindern, sollten Sie ein nasses Handtuch zwischen Topf und Deckel legen.
200 g trockener Reis, nach diesem Rezept gekocht, reichen als Hauptgericht für 2–3 Personen, als Beilage für 4 Personen.

China

Die »Chow«-Methode

Diese Kochmethode ist in der chinesischen Küche am bekanntesten; sie heißt bei uns »Pfannenrühren«. Die Zutaten werden sehr kurz, bei sehr hohen Temperaturen und in nur wenig Öl gewendet, bleiben dabei knackig und sind in oft weniger als 10 Minuten servierbereit. Hierbei spart man nicht nur Heizenergie; die natürliche Frische der Zutaten und ihre Vitamine bleiben weitestgehend erhalten, es kommen farbige, duftende, fettarme Gerichte in kürzester Zeit auf den Tisch.

»Chow«-Kochen verlangt gute Organisation und Vorbereitung. Alle nötigen Zutaten müssen griffbereit am Herd stehen. Gemüse und Fleisch werden vorher geschnitten und nebeneinander auf ein Tablett gehäuft, Soßen und Gewürze vorher gerührt und abgemessen. Alle Zutaten werden in gleich große Stücke geschnitten. Die Größe bzw. Form richtet sich dabei nach der Hauptkomponente. So werden z. B. bei Reispfannen die Gemüse, das Fleisch usw. in kleine Würfel geschnitten, bei einem Nudelgericht in lange, dünne Streifen.

»Chow« wird in einem »Wok« oder einer anderen großen Bratpfanne (mit passendem Deckel) zubereitet. Die Pfanne wird stark erhitzt. Öl, Salz und, wenn erwünscht, Knoblauch und Ingwer werden in die Pfanne gegeben. Nach nur einer Sekunde kommen die anderen Zutaten hinzu, und zwar einzeln und nacheinander, zuerst die härteren, die eine etwas längere Kochzeit benötigen (z. B. Möhren, Pastinaken, Kohl), dann die weichen Zutaten (z. B. Tomaten, Pilze, Paprika) und zuletzt Petersilie, Frühlingszwiebeln und dergleichen, die nicht gekocht, sondern nur erwärmt werden sollen. Mit zwei Holzlöffeln wird jede Zutat durch das Öl gewendet, etwa so, wie man einen Salat mischt! Wenn Fleisch zu den Zutaten gehört, wird es zuerst gebraten, herausgehoben, auf einem Teller warm gehalten, bis alles andere gegart ist, und anschließend in die Pfanne zurückgegeben und nochmals mit durchgerührt. Sind alle Zutaten etwas fester, wird schließlich Flüssigkeit zugegeben, der Deckel aufgelegt und das Gericht bei milderer Hitze einige Minuten zusätzlich gedünstet.

Wichtig ist es, ein Rezept vorher gründlich durchzulesen und alle Zutaten fertig zubereitet und abgemessen am Herd zu haben, bevor man mit dem Kochen beginnt.

Rindfleisch mit schwarzen Bohnen und Tomaten

Marinade
1 EL Speisestärke oder Pfeilwurzelmehl, 1 TL helle Sojasoße, 2 EL Sherry, 1 Prise Zucker, ½ TL Öl

500 g Rumpsteak, in 4 cm breite Streifen geschnitten, 2 EL Öl, 1 Knoblauchzehe, mit ½ TL Salz zerdrückt, 1 olivengroßes Stück Ingwerwurzel, fein gehackt,

China

1 EL fermentierte schwarze Bohnen,
zerdrückt, 3 rote Paprikaschoten,
entkernt, in 5 cm große Würfel
geschnitten,
1 große Gemüsezwiebel, in 5 cm
große Stücke geschnitten,
⅛ l Gemüsebrühe oder Wasser,
2 EL Pfeilwurzelmehl, verrührt
mit 2 EL Wasser, je 1 Prise Pfeffer,
Salz und Zucker und mit
2 EL Sojasoße, 5 große Tomaten,
gehäutet, in Spalten geschnitten

Die Marinade anrühren. Das ge-
schnittene Fleisch in die Marinade
einlegen.
1 EL Öl erhitzen, Knoblauch, Ingwer
und schwarze Bohnen einige Sekunden darin rühren, Paprika und Zwiebel dazugeben und 2 Minuten rühren. Die Brühe dazugießen, Deckel
auflegen und 2 Minuten kochen, beiseite stellen. In einer zweiten Bratpfanne 1 EL Öl sehr heiß erhitzen,
das Fleisch 45 Sekunden darin braten. Die Paprikamischung dazugeben
und aufkochen. Die angerührte Mehl-
mischung und die Tomaten dazugeben, rühren, bis die Soße bindet, servieren.

»Trockengekochte«
grüne Bohnen

750 g grüne Bohnen, geputzt,
ungeschnitten, Öl zum Fritieren
und Braten, 2 EL getrocknete
chinesische Krabben, fein gehackt,
2 EL Szechuan-Senfgurke, fein
gehackt, 1 EL gehackter Knoblauch,
2 TL scharfe Bohnensoße

Im voraus die ganzen Bohnen in heißem Öl 3–4 Minuten fritieren, bis sie
anfangen zu schrumpfen. Auf Küchenkrepp ausbreiten und abtropfen
lassen. 5 Minuten vor der Mahlzeit
1 EL Öl in einer Pfanne erhitzen,
Krabben, Senfgurke, Knoblauch und
Bohnensoße darin 1 Minute rühren.
Die Bohnen dazugeben und wieder
erwärmen.

Champignons   Foto Seite 14
mit Erdnüssen
Kung Po

Soße
1 TL Hoisinsoße,
1 TL Bohnensoße,
1 TL Sojasoße,
1 TL Sherry,
½ TL Apfel- oder Reisessig,
½ TL geröstetes Sesamöl,
¼ TL Honig

Marinade
2 TL Pfeilwurzelmehl oder
Speisestärke,
1 TL geröstetes Sesamöl,
1 TL trockener Sherry,
1 TL Tamari-Sojasoße

400–500 g Champignons, kleine,
feste Köpfe, 6 EL Öl,
150 g Erdnußkerne, ungesalzen,
1 grüne Paprikaschote, in 2 cm
große Würfel geschnitten,
1 kleine, getrocknete Chilischote,
ganz, 1 Knoblauchzehe, fein gehackt

Die Soßenzutaten mischen und beiseite stellen. Die Zutaten für die Marinade mischen.

China

Die Champignons kurz unter fließendem Wasser abspülen, in einem Küchentuch trocknen, in die Marinade einlegen und einige Minuten ziehen lassen. Das Öl in einer Pfanne erhitzen, die Erdnüsse kurz darin rösten, herausheben, abtropfen. Paprika in die Pfanne geben und 1 Minute braten, dabei wenden, herausheben. Chili in dem in der Pfanne verbliebenen Öl rösten, bis die Schote schwarz ist. Champignons und Knoblauch dazugeben, 3–4 Minuten unter Rühren braten. Mit der Soße und allen Zutaten aufkochen, sofort servieren.

Hinweis
Eigentlich sollten 4–8 Chilischoten in dieses Gericht kommen – alle schwarz geröstet. Aus Rücksicht auf unseren ungewöhnten Gaumen gibt's hier nur eine. Aber darauf können Sie auch verzichten, wenn es sein muß!

China

Chinakohl, würzig-pikant

Foto

3 EL Öl, 1 Chinakohl von etwa 500 g, quer in 5 cm breite Streifen geschnitten, Rippen und Blätter getrennt gelassen,
4–6 frische Chilischoten, fein geschnitten, oder
½ TL getrocknete (geschrotete) Chilischoten,
½ EL feingehackter Ingwer,
1 TL Chinapfeffer (Szechuan-Pfeffer), zerstoßen, 1 EL Sherry,
3 EL helle Sojasoße,
1 EL Weinessig, 1 Prise Zucker,
1 EL Pfeilwurzelmehl, in
3 EL Wasser angerührt,
½ EL Sesamöl oder Chiliöl

2 EL Öl erhitzen, die Kohlrippen hineingeben, 2 Minuten rühren, die Blätter dazugeben, ½ Minute rühren, alles mit einer Schaumkelle herausnehmen und auf einem Teller warmhalten. 1 EL Öl erhitzen, Chili, Ingwer und Pfeffer einige Sekunden rühren, Sherry, Sojasauce, Essig und Zucker zufügen, vermischen, mit Pfeilwurzelmehl eindicken. Den Kohl unterrühren, mit Sesamöl beträufeln, servieren.

China

Mönchsspeise
Lo-hon-ji

2 EL Öl, 1 TL Salz,
2–3 Bambussprossen, in sehr
feine Stifte geschnitten,
1 olivengroßes Stück frische
Ingwerwurzel, zerdrückt,
100 g feingehobelter China- oder
Weißkohl, 5–6 frische Champignons,
in Streifen geschnitten,
1 EL Lilienblüten und 8 Mu-Err-Pilze,
15 Minuten in kaltem Wasser
eingeweicht, 4 Shiitake-Pilze,
20–30 Minuten eingeweicht,
in Streifen geschnitten,
12 Zuckererbsenschoten (wenn
erhältlich), 5 Wasserkastanien, in sehr
dünne Scheiben geschnitten,
3 Möhren, schräg in feine
Scheiben geschnitten,
1 Blatt getrockneter Tofu,
über Nacht eingeweicht, in 7 cm
große Stücke geschnitten,
⅛ l Brühe oder Wasser,
vermischt mit 1 EL Sherry,
2 TL Pfeilwurzelmehl, in
2 TL Wasser angerührt,
1 Prise Pfeffer

Die Pfanne erhitzen, 1 EL Öl und Salz
hineingeben, die Bambussprossen
20 Sekunden darin rühren, auf einen
Teller geben. Die Pfanne wieder erhitzen, 1 EL Öl, Ingwer und den Kohl
hineingeben, umrühren. Die Pilze, alle Gemüse und den Tofu dazugeben,
1 Minute rühren. Mit der Brühe übergießen und 1 Minute mit aufgeleg-
tem Deckel kochen. Mit Pfeilwurzelmehl eindicken, mit Pfeffer würzen,
sofort servieren.

Tofu und Gemüse
in Gewürzsoße
Szechuan-Art

Gewürzsoße
4 EL Shoju-Sojasoße, 4 EL Wasser,
4 EL Honig, 2 EL Apfel- oder
Reisessig, 1 EL trockener Sherry
oder halbtrockener Weißwein,
1 EL geröstetes Sesamöl,
1 kleine getrocknete Chilischote,
zerkrümelt, 2 EL Knoblauch in
feinen Scheiben, 1 EL frische,
feingehackte Ingwerwurzel

Teig
1 mittelgroßes Ei , 2 EL Wasser,
6–8 EL Pfeilwurzelmehl oder
Speisestärke

1–2 Würfel Tofu, je ca. 350–400 g,
in fingerdicke Streifen von 5 cm
Länge geschnitten, 200 g Möhren,
in bleistiftgroße Stifte geschnitten,
100 g Blumenkohl, in Röschen
zerteilt, 1 rote Paprikaschote,
in fingerdicke Streifen geschnitten,
¼–½ l Öl zum Fritieren,
1 Bund Frühlingszwiebeln, in Ringe
geschnitten (mit Grün!)

Die Soßenzutaten einige Stunden im
voraus miteinander verrühren. Auch
den Teig vorbereiten: die Zutaten gut
verrühren, der Teig soll weder zu
dünn (haftet nicht am Gemüse) noch
zu dick (schmeckt mehlig) sein.
Tofu und die Gemüse in eine Schüssel geben und mit Teig bedecken.
Das Öl in einem Topf erhitzen (aber
nicht zu heiß, es darf nicht verbrennen!). Die Gemüse- und Tofustücke
aus dem Teig nehmen und ca. 20 Se-

China

kunden fritieren, bis sie goldbraun und knusprig sind. Auf Küchenkrepp abtropfen, warm halten, das Öl weggießen. Die Soße in den Topf geben und kurz erhitzen (1–2 Minuten). Tofu und Gemüse auf einem Teller anrichten und mit der Soße begießen. Mit Frühlingszwiebeln verzieren und sofort (mit Reis) servieren.

Scharf gewürzter Tofu mit Cashewnüssen

Soße
4 EL Bohnensoße, 1 EL Sojasoße,
2 EL Wasser, 1 TL Apfelessig

2 EL Öl, 2 Knoblauchzehen, fein gehackt, 1 TL Chinapfeffer (Szechuan-Pfeffer), grob zerstoßen, 100 g Cashewnüsse, auch Bruch, klein gehackt, 2 Würfel Tofu, ca. 700 g, in 2–3 cm große Würfel geschnitten, 2 Frühlingszwiebeln, fein gehackt, 1 TL Pfeilwurzelmehl, mit 3 TL Wasser angerührt

Die Zutaten für die Soße vermischen. Das Öl in einer Pfanne erhitzen, Knoblauch, Pfeffer und Cashewnüsse darin goldbraun rösten. Soße und Tofuwürfel zugeben und 2 Minuten zusammen köcheln. Zwiebeln und (wenn die Soße sehr dünn ist) Pfeilwurzelmehl dazugeben zum Eindikken.

Tofu mit Weißkohl

Ca. 350 g Tofu in Scheiben geschnitten, 8 EL Sojasoße (Tamari oder Shoju), 100 g Weizenvollkornmehl oder Pfeilwurzelmehl, ⅛ l mildes, kaltgepreßtes Öl (z.B. Sesamöl), 2 mittelgroße Zwiebeln, in Ringe geschnitten, 2 mittelgroße Möhren, in dünne Scheiben geschnitten, 300–500 g Weißkohl, fein gehobelt, 1 Knoblauchzehe, zerdrückt, 2 EL Bärlauch oder 1 Bund Schnittlauch, ⅛ l trockener Weißwein, 2 EL Pfeilwurzelmehl, 1 TL gekörnte klare Brühe, ¼ l Wasser

Die Tofuscheiben ½ Stunde in der Sojasoße marinieren, abtropfen, in dem Mehl wenden und in der Hälfte des Öls goldbraun ausbacken, beiseite stellen. In dem restlichen Öl zuerst die Zwiebeln, danach die Möhren und den Weißkohl braten, bis der Kohl leicht welkt, aber nicht braun ist (5 Minuten bei häufigem Wenden). Die restlichen Zutaten und die Sojasoße (vom Marinieren) mischen, über das Gemüse gießen, rühren und leicht einkochen. Mit dem Tofu vermischen.

Tofu mit Schwarze-Bohnen-Soße

1 EL Öl, 500–600 g Tofu,
in 3 cm große Würfel geschnitten,
in 4 EL Sojasoße mariniert und
in 3 EL Mehl paniert,
3 EL fermentierte schwarze Bohnen,
sehr fein gehackt,
4 Knoblauchzehen, sehr fein gehackt,
1 Frühlingszwiebel, in 1 cm lange
Stücke geschnitten, 1 TL Salz,
2 TL Sherry, 3 TL Honig,
1 TL Pfeilwurzelmehl,
¼ l Gemüsebrühe, 2 EL Essig

Das Öl erhitzen und den vorbereiteten Tofu darin bräunen. Die restlichen Zutaten vermischen, über den Tofu gießen, Deckel auflegen und 5 Minuten dünsten.

Tofu mit Lauch

Foto

Ca. 600 g Tofu, pro Paket in je
8 Würfel geschnitten,
8 EL dunkle Sojasoße,
Weizenvollkornmehl oder
Pfeilwurzelmehl, 2 EL Öl,
3–4 Frühlingszwiebeln oder
sehr junge Lauchstangen,
in 2 cm große Stücke geschnitten,
2 EL Hoisinsoße, 1 Bund Schnittlauch,
fein geschnitten, ½ TL Salz

Die Tofuwürfel ½ Stunde in Sojasoße marinieren, in Mehl oder Pfeilwurzelmehl wälzen. Das Öl stark erhitzen, Tofu auf allen Seiten anbräunen und auf einen Teller geben. Frühlingszwiebeln oder Lauch in die Pfanne geben und 3 Minuten rühren. Tofu zurückgeben, Hoisinsoße, Schnittlauch und Salz hineinrühren, sofort servieren.

China

Drei-Gewürze-Nudeln   Foto

250 g Buchweizennudeln oder
Weizenspaghetti,
6 EL Tomatenketchup,
½ TL Salz, ½ TL Honig,
1 Prise Chinapfeffer
(Szechuan-Pfeffer),
1 TL Hoisinsoße oder dunkle
Sojasoße, 2–3 EL Currypulver,
1 nicht zu große Gemüsezwiebel,
halbiert, in Scheiben geschnitten,
150–200 g Hühnerfleisch,
Schweinefleisch oder Tofu, in
feine Streifen geschnitten,
50 ml Brühe oder Wasser,
1 feste Fleischtomate, geachtelt
oder gesechzehntelt

Die Nudeln bißfest kochen, kalt ab-
schrecken, heiß spülen, abtropfen.
Ketchup mit Salz, Honig, Pfeffer und
Hoisinsoße mischen. In einer trockenen Bratpfanne bei niedriger Hitze
das Currypulver leicht rösten. Die
Zwiebel dazugeben und 45 Sekunden rühren. Fleisch oder Tofu und die
Brühe zufügen, auf starke Hitze schalten, zum Kochen bringen. Die Ket-
chup-Mischung dazugießen und gut
durchwärmen. Die Tomatenstreifen
hineingeben, vom Herd nehmen. Die
Nudeln auf einem Teller anrichten,
mit der Soße übergießen.
Tomatenketchup scheint uns eine
sehr »europäische« Zutat zu sein, ist
aber ein beliebtes Gewürz in China.

China

Die »Jing«-Methode

Bei dieser Kochmethode werden die Gerichte über kochendem Wasser im geschlossenen Topf gegart, also gedämpft. Diese Methode bewahrt Aroma bzw. Geschmack der Zutaten besonders gut. Die Gerichte lassen sich ohne Fett zubereiten. Wenn die richtigen Töpfe vorhanden sind, können zwei oder sogar mehrere Gerichte gleichzeitig übereinander in einem Topf zubereitet werden.

In der chinesischen Küche gibt es spezielle Bambuskörbe, die aufeinandergestapelt über den Topf mit dem kochenden Wasser gestellt werden. In diesen Körben können Klöße, Gemüse, Fisch und Eier übereinander garen, während im Topf Fleisch oder Reis gekocht wird.

In der westlichen Küche kann ein gelochter Schnellkochtopfeinsatz diese Funktion erfüllen. Der Einsatz steht über dem kochenden Wasser, er darf nicht im Wasser liegen. Der Topfdeckel ist geschlossen, aber es wird nicht mit Druck gekocht, sondern nur über Dampf. Bei manchen Töpfen kann man sogar zwei Einsätze übereinanderstapeln.

Beim »Jing«-Kochen wird das Gericht in eine hitzeunempfindliche Schüssel gegeben, die über das kochende Wasser gestellt wird. Diese Methode ist ideal für zarte, empfindliche Gerichte.

Gerichte, bei denen der Eigengeschmack der Zutaten erhalten bleiben soll, werden oft kalt gegessen.

Gedämpfter Spinat mit Sesam

1 kg frischer Spinat, gut geputzt, Stiele entfernt, 3 EL Sesamöl (ungeröstet), 2 Knoblauchzehen, fein gehackt, 3 EL Sesamsamen, 1 TL geröstetes Sesamöl, 1 EL Sojasoße

In einen tiefen Topf 1–2 Tassen Wasser auf den Boden schütten, Dampfeinsatz einlegen. Den Spinat in den Dampfeinsatz häufen, das Wasser zum Kochen bringen, den Topf schließen und den Spinat einige Minuten in dem Dampf welken lassen – aber nicht so lange, daß die Blätter zusammenfallen, sie sollen nur »halbgar« werden. Inzwischen das ungeröstete Öl in einem kleinen Topf erhitzen. Knoblauch und Sesam darin kochen, bis sie leicht gebräunt werden (1–2 Minuten – nicht dunkelbraun werden lassen!). Vom Feuer nehmen. Den Spinat in eine Schüssel geben, das heiße Öl mit Knoblauch und Sesam darübergießen. Geröstetes Öl und Sojasoße dazugeben und kurz umrühren. Lauwarm servieren.

Hinweis

Das ist ein interessantes Gericht. Es existiert fast genauso in der türkischen Küche, nur wird es hier mit Olivenöl und ohne Sojasoße zubereitet.

China

Gedämpfter Blumenkohl mit Frühlingszwiebeln

1 kleiner Blumenkohl, in Röschen gebrochen,
2–3 Frühlingszwiebeln,
in 2 cm große Stücke geschnitten,
1 Prise Salz,
½ EL Sherry oder Gin,
1 EL Austernsoße,
1 EL Sojasoße,
1 Löffelspitze Honig,
1 EL Pfeilwurzelmehl oder Speisestärke in 2 EL Wasser angerührt

Alle Zutaten vermischen und in eine Schüssel geben. Die Schüssel in einen gelochten Einsatz und den Einsatz in den Topf über das Wasser stellen, das Wasser zum Kochen bringen. Den Topf fest verschließen und die Blumenkohlmischung maximal 10 Minuten garen. Die Schüssel herausnehmen, die Flüssigkeit in einen Topf abgießen, mit der Speisestärke binden und über das Gemüse gießen. Servieren.

»Jing«-Tofubällchen

300 g Tofu, 1 Knoblauchzehe,
1 Eiweiß, 2 Scheiben entrindetes Weizenvollkornbrot, in Wasser eingeweicht und im Küchentuch ausgewrungen, Salz

Soße
2 EL Öl, 3 Shiitake-Pilze,
30 Minuten in heißem Wasser eingeweicht, in Streifen geschnitten,
1 EL gehackter Schnittlauch,
1 TL feingehackte Ingwerwurzel,
1 getrocknete Chilischote, zerkrümelt,
1 Knoblauchzehe, fein gehackt,
1 EL Misopaste, 2 EL Sojasoße,
⅛ l Brühe, 1 EL Pfeilwurzelmehl, in 3 EL Wasser angerührt,
8 Körner Chinapfeffer (Szechuan-Pfeffer), geschrotet,
1 Prise Koriander, gemahlen,
1 TL Sesamöl

Tofu, Knoblauch, Eiweiß, Brot und Salz im Mixer oder mit dem Pürierstab pürieren, walnußgroße Bällchen daraus formen und auf einen kleinen Teller legen. Den Teller in einen gelochten Einsatz setzen und über kochendem Wasser 10 Minuten dämpfen.
Inzwischen die Soße zubereiten: In dem heißen Öl die Pilzstreifen, Schnittlauch, Ingwer, Chili und Knoblauch 1 Minute rühren. Miso, Sojasoße und Brühe hineingießen und aufkochen. Mit dem Pfeilwurzelmehl eindicken, mit Pfeffer, Koriander und Sesamöl würzen. Die Soße über die Tofubällchen gießen und sofort servieren.

China

Gedämpfte Eier mit Schnittlauch

½ l warmes Wasser oder Brühe,
4 Eier, 1 TL Sherry, ½ TL Salz,
1 EL helle Sojasoße,
2–3 EL feingehackter Schnittlauch,
¼ TL Honig, 1 TL Sesamöl,
½ TL Sojasoße

Wasser oder Brühe 5 Minuten kochen, handwarm abkühlen lassen. Eier leicht schlagen, mit dem Wasser, Sherry, Salz, Sojasoße, Schnittlauch und Honig vermischen, dabei Blasen und Schaum möglichst vermeiden. Die Mischung in eine flache Schüssel gießen, die Schüssel in einen gelochten Einsatz setzen und den Einsatz auf einem Dreifuß in den Schnellkochtopf über siedendes Wasser stellen. Deckel auflegen und 15 Minuten köcheln, aber nicht kochen lassen. Die Eier sind gar, wenn sie so fest wie Pudding sind. Mit Sesamöl und Sojasoße besprenkeln, servieren.

Die »Lo Suey«-Methode

Beim »Lo Suey«-Kochen (Rotkochen) werden Bohnen, zähes Fleisch, feste Wurzelgemüse und andere feste Zutaten langsam in Brühe – gewürzt mit heller und/oder dunkler Sojasoße – gekocht oder geschmort. Hier müssen Sie Sojasoße in sehr guter Qualität verwenden, weil der Geschmack durch langes Kochen sehr betont wird.

Das lange Kochen zerstört viele Vitalstoffe. Diese Methode sollte daher nur für Gerichte verwendet werden, deren Zutaten roh oder nur kurz gegart nicht richtig genießbar sind oder wo Vitalstoffe keine sehr große Rolle spielen, z. B. bei Tofu, Fleisch, Eiern, Bohnen oder Fisch.

»Lo Suey«-Eier

1 Stück frische Ingwerwurzel,
etwa 3 cm fein gehackt,
1 Knoblauchzehe, fein gehackt,
1 Sternanis, 2 EL Sherry,
⅛ l helle Sojasoße,
⅛ l dunkle Sojasoße,
¼ l Wasser oder Brühe,
12 ganze Eier,
1 Kopf Eisbergsalat
und 3 Tomaten zum Garnieren

Alle Zutaten außer den Eiern vermischen, zum Kochen bringen, 20 Minuten kochen. Die Eier hineingeben, 20 Minuten kochen, herausnehmen und schälen. In die Brühe zurückgeben und über Nacht ziehen lassen (oder, wenn die Zeit knapp ist, 20 weitere Minuten in der Brühe köcheln, abkühlen lassen). Den Salat in Streifen schneiden, auf einem Teller ausbreiten. Die Eier in Viertel schneiden und auf dem Salat auslegen. Die Tomaten ebenfalls vierteln und die Eier damit garnieren. Die Soße absieben und über die Eier gießen.

China

»Lo Suey«- Rote Bohnen

Foto

*250 g rote Bohnen oder Adzuki-(rote Soja-)Bohnen, über Nacht eingeweicht, abgetropft,
3 EL Öl. ¼ l Brühe, 3 EL Sojasoße,
1 TL Chinapfeffer (Szechuan-Pfeffer),
ganz, 1–2 Sternanis,
1–2 Knoblauchzehen, ganz,
250 g Möhren, in bohnengroße Stücke gewürfelt,
250 g Kastanien, geschält und geviertelt, oder Pastinaken, bohnengroß geschnitten,*

*3 mittelgroße Zwiebeln, geachtelt,
2 bohnengroße Stücke Ingwerwurzel, zerdrückt, 2 EL Austernsoße*

Die Bohnen kurz in 1 EL heißem Öl rühren. Brühe, Sojasoße, Pfeffer, Anis und Knoblauch dazugeben, Deckel auflegen, 1½ Stunden köcheln lassen (Wasser zugießen, wenn nötig). Möhren, Kastanien oder Pastinaken, Zwiebeln und Ingwer dazugeben, 15 Minuten zugedeckt weiterschmoren, bis das Gemüse weich und die Flüssigkeit verdampft ist. Austernsoße einrühren, servieren.

China

Tofu in Anissoße

Soße
6 EL Öl,
8 EL Honig,
dünn abgeschälte Schale
von 2 unbehandelten
Orangen (ohne die weiße
Innenhaut!),
3 Sternanis,
6 Knoblauchzehen, zerdrückt,
¼ l dunkle Sojasoße (Tamari),
½ l Wasser

750 g Tofu, in 2 cm dicke Streifen
geschnitten

In einem 4-Liter-Topf Öl und Honig
zusammen kochen, bis die Farbe etwas dunkler wird. Die restlichen Soßenzutaten dazugeben und aufkochen, Hitze zurückschalten und köcheln lassen. Die Tofustreifen in die
Soße geben, 5–10 Minuten köcheln.
Vom Feuer nehmen, in der Soße kalt
werden lassen. Tofu abtropfen und
bei Zimmertemperatur servieren.

Hinweis
Die Soße im Kühlschrank aufheben.
Schweinefleisch, Rindfleisch, Pilze,
Auberginen und hartgekochte, ge-
schälte Eier können in dieser Soße
gekocht werden.

Eier in Anissoße

6 hartgekochte Eier, geschält,
Soße wie oben

Die Soße zum Kochen bringen, die
Eier kurz darin kochen. Vom Feuer

nehmen, abkühlen lassen. Die Eier einige Tage bis zu 2 Wochen darin ziehen lassen. Halbieren, auf Spinatblät-
tern servieren, mit Soße beträufeln.

Lilafarbene Jewel

750 g möglichst kleine Auberginen,
ungeschält in große Würfel
geschnitten (oder in fingergroße
Streifen), 6 EL Öl,
100 g Haselnüsse, grob gehackt,
1 Prise Salz, 2 kleine, getrocknete
Chilischoten (nach Wunsch!),
1 Knoblauchzehe, zerdrückt,
⅛ l Hefebrühe (von gekörnter Brühe),
1 EL feingehackte frische
Ingwerwurzel

Soße
3 EL Shoju-Sojasoße,
6 EL Wasser,
3 EL Austernsoße,
½ TL Apfelessig,
3 Spritzer Tabasco,
2 EL Pfeilwurzelmehl

Die Auberginenstücke 1 Stunde in Eis-
wasser legen und in den Kühlschrank
stellen. Anschließend abtropfen und in
einem Küchentuch gut trocknen. Das
Öl in einem Topf erhitzen. Die Haselnüsse darin braten, die Auberginenstücke dazugeben und schnell rühren.
Salzen, Chili und Knoblauch zugeben,
Deckel auflegen und 5 Minuten
köcheln lassen (1–2mal umrühren).
Die Hefebrühe aufgießen, ohne Dek-
kel einkochen lassen.
Die Soßenzutaten miteinander verrühren, mit dem Ingwer in den Topf
gießen, leicht einkochen, servieren.

China

Frischkost

Gewürzter Gurkensalat

1 Schlangengurke, teils geschält, der Länge nach halbiert, in 1 cm dicke Scheiben geschnitten, 1 TL Salz

Soße
1 EL Sojasoße (helle, wenn erhältlich), ½ EL Essig, ½ EL Honig, 2 EL gehackter Knoblauch, 1 TL Chiliöl oder Tabasco, ½ TL Misopaste, 1 TL Chinapfeffer (Szechuan-Pfeffer), geschrotet, 1 EL Sesamöl

Die Gurkenscheiben salzen und etwa 1 Stunde zum Auswässern stehen lassen. Anschließend abwaschen und trockentupfen.
Die Soßenzutaten vermischen, die Gurkenscheiben einige Stunden in der Soße marinieren, servieren.

Spinatsalat mit Topinambur

Ca. 250 g zarte, junge Spinatblätter (frisch!), 12 Topinamburknollen, in feine Scheiben geschnitten (original sind Wasserkastanien, aber sie sind hier nicht frisch zu bekommen – Topinambur schmeckt ähnlich wie frisches Kokosnußfleisch), 250 g Mandarinen, in Spalten geteilt

Soße
4 EL frisch gepreßter Zitronensaft, 1 EL Apfelessig, 2 EL Honig, am besten Akazien- oder Orangenblütenhonig, 4 TL Shoju-Sojasoße, 3 EL Sesamöl (ungeröstet), 4 TL geröstetes Sesamöl, 1 Spritzer Worchestersoße

Die Spinatblätter gut waschen, abtropfen und etwas zerkleinern. Mit den anderen Zutaten in eine Schüssel geben.
Die Soßenzutaten vermischen, in die Schüssel gießen und die Salatzutaten unterheben, abschmecken. Als Beilage servieren.

Mungobohnensprossen-Salat

1 EL Sesamsamen, 500 g Mungobohnensprossen

Soße
2 EL Sojasoße, ½ TL Honig, ¼ TL Salz, 1 TL geröstetes Sesamöl, ½ TL Chiliöl (wenn erwünscht), 2 gehackte Frühlingszwiebeln oder 1 Bund Schnittlauch

Sesam in einer trockenen Pfanne langsam rösten, bis die Körner springen. Abkühlen, in eine Plastiktüte geben und mit einem Nudelholz zerdrücken. Die Sprossen gut waschen und abtropfen.
Die Zutaten für die Soße vermischen und über die Mungobohnensprossen gießen, gut vermischen. Mit dem Sesam bestreuen, servieren.

China

Tofusalat

Soße
3 EL Sojasoße, 1 EL Reis- oder
Apfelessig, 2 TL geröstetes Sesamöl,
½ TL Honig

400 g Tofu, in 2 cm große Würfel
geschnitten, 1 Möhre, gewürfelt,
Eissalatblätter, 1 Paprikaschote,
gewürfelt, 2 Rippen Bleichsellerie
(Staudensellerie), gewürfelt,
4–5 Frühlingszwiebeln, in
1 cm breite Ringe geschnitten,
5–6 EL chinesisches eingelegtes
Gemüse, fein gehackt,
1 EL Sesamsamen, in einer trockenen
Pfanne geröstet

Die Zutaten für die Soße mischen,
Tofu- und Möhrenwürfel einige Stunden darin marinieren. Salatteller mit
den Eissalatblättern auslegen. Das
restliche Gemüse erst kurz vor dem
Servieren schneiden, zum Tofu in die
Soße mischen. Auf den Salatblättern
anrichten und mit Sesam bestreuen.

Pak-Choy-Salat

300 g Pak Choy (chinesischer Kohl),
fein gehackt

Soße
2 TL Sojasoße, 2 TL Reisessig,
1 TL Sesamöl (geröstet), Salz,
Chinapfeffer (Szechuan-Pfeffer),
½ Bund chinesische Petersilie,
gehackt

Pak Choy mit den Soßenzutaten mischen, ca. 20 Minuten ziehen lassen.
Mit chinesischer Petersilie (Cilantro
oder Korianderkraut) bestreuen, servieren.

Blumenkohlsalat

1 Blumenkohl, fein geschnitten
(Scheibenraffel oder Gemüsereibe),
½ TL Salz, 1 TL Honig,
2 EL Sojasoße,
1 Knoblauchzehe, fein gehackt,
1 Stück Ingwerwurzel, so groß wie
die Knoblauchzehe, fein gehackt,
1 TL Sherry,
1 EL schwarze Bohnen, zerdrückt

Den Blumenkohl in eine Schüssel geben. Die restlichen Zutaten vermischen und darübergießen. ½ Stunde
ziehen lassen.

Chinakohl, scharf und sauer

4 EL mildes Öl, 1 TL Anispfeffer,
1 Chilischote, fein gehackt,
350 g Chinakohl, in Streifen
geschnitten,
½ TL Salz, 1 EL Sojasoße,
1 TL Sesamöl

Das Öl erhitzen, Anispfeffer und Chili
darin rösten. Den Kohl zugeben und
zweimal wenden. Die restlichen Zutaten zufügen und sofort in eine Schüssel geben. Warm servieren.

Die japanische Vollwertküche

Wahrscheinlich liegt der Schlüssel zur japanischen Kultur wie auch zur Küche in dem alten Spruch: In der Beschränkung zeigt sich der Meister. Ein winziges Land, kaum in der Lage, genügend Nahrungsmittel für seine Bevölkerung zu erzeugen, lernt mit dieser Beschränkung umzugehen – und entwickelt eine Cuisine, die in spannender Zurückhaltung aus jedem kleinsten Teil einen visuellen und kulinarischen Genuß bereitet. Die Aufmerksamkeit im Detail, der sparsame Umgang mit den Zutaten und das ständige Streben nach Schönheit und Harmonie der Speisen haben eine Eßkultur entwickelt, die jeden Feinschmecker begeistern muß. Auch die genußsüchtige Vollwertköchin kommt hier voll auf ihre Kosten – denn die japanische Küche, abgesehen von dem allgegenwärtigen weißen Reis, ist frisch, leicht und vollwertig. Gemüse, Sojaprodukte und Reis sind die Hauptbestandteile der japanischen Küche wie überall in der asiatischen Welt, ergänzt mit Fisch in reichlicher Auswahl und einem absoluten Minimum an Fleisch, das wegen seines hohen Preises nur streifchenweise, quasi als Geschmacksbereicherung, verwendet wird.

Japan

SPEZIELLE ZUTATEN

Die meisten Zutaten der japanischen
Küche kennen wir auch aus der Küche Chinas – Sojaprodukte wie Sojasoßen (Tamari und Shoju), Tofu und
Misopaste werden ausführlich in der
chinesischen Vollwertküche (Seiten 9
und 10) beschrieben. Die Japaner verwenden aber einige Zutaten, die in
China weniger bekannt sind. Diese
Zutaten sind in vielen Bioläden zu
finden, weil sie auch Bestandteile der
makrobiotischen Ernährung sind, einer Diät, die auf traditionellen japanischen Speisen basiert. Man findet sie
auch in den Feinkostabteilungen großer Warenhäuser. Und immer häufi-
ger gibt es Ostasienläden in unseren
Großstädten, in denen man die Zutaten aller Länder der asiatischen Welt
finden kann!

Dashi
Fischbouillon, die in vielen Rezepten
verwendet wird (Seite 31).

Konbu
Siehe Seetang.

Nori
Siehe Seetang.

Seetang
Konbu ist dunkelgrüner, flacher Band-
Seetang. Er wird wie Gemüse gekocht
oder, in Stückchen gebrochen, als
salzige Knabberei gegessen.
Nori ist schwarzer, flacher Seetang in
papierdünnen Blättern. Er wird als
Haut für Sushi-Röllchen verwendet

oder, kurz über einer Flamme geröstet und zerkrümelt, als Würze auf
Reis gestreut.

Wasabi
Meerrettichpulver, das mit Wasser zu
einer scharfen, senfähnlichen Paste
gerührt wird.

MAHLZEITEN

Eine japanische Mahlzeit besteht fast
immer aus Reis, einer Suppe und 1–3
kleineren Gerichten. Die Zahl der Gerichte bleibt immer ungerade. Eine
gerade Zahl wird nur bei Beerdigun-
gen serviert, denn das Wort »vier«
oder »gerade Zahl« ist *shi,* und *shi*
bedeutet auch »Tod«. Zu Reis, Suppe
und warmen Gerichten werden meistens *tsukemono* oder sauer eingelegte Gemüse als pikante Beilage serviert.

KOCHMETHODEN

Die japanische Küche kennt keinen
Ofen, sondern fast nur den Holzkoh-
lengrill. Die Gerichte werden gekocht, fritiert, sehr kurz im heißen Öl
gebraten, gedämpft oder gegrillt, fast
immer über einem »hibachi« oder
Holzkohlestövchen mit einem Gußei-
sengitter als Bratfläche. Brennstoff ist
knapp und teuer, und die meisten
Gerichte werden nur sehr kurz erhitzt. Dabei bleiben sie knackig und
erhalten auch weitgehend ihre Vit-

amine. Auch wenn sie auf japanische Gewürze verzichten wollen, sind die japanischen (im allgemeinen alle asiatischen) Kochmethoden vorbildlich für eine leichte, frische, gesunde Küche. Probieren sie es mal!

Sushi   Foto Seite 30

Sushi sind kleine Bällchen, Röllchen oder Schüsselchen, gefüllt mit süßsauer gekochtem Reis. Sie werden überall in Japan als Appetithäppchen, als Mahlzeit zwischendurch oder als Vorspeise gegessen. Kleine »Sushi«-Imbißstuben sind allgegenwärtig in den Städten. Der Reis wird in *Nori* (schwarze, papierdünne Seetang-Scheiben) gerollt, in *Tofu* gewickelt oder einfach in Schälchen gehäuft und verziert mit Eiern, Fisch, Gemüse, Ingwer und anderen Gewürzen. Sushi sind schön, schmackhaft, und – mit ein bißchen Übung – einfach zu machen.

Sushi-Reis

250 g Vollkornreis, am besten japanischer süßer Reis oder Rundkorn-Kleberreis,
1 Stück Konbu (Band-Seetang),
1 TL Salz, ¾ l Wasser,
3 EL Honig, 4 EL Reisessig oder Apfelessig

Reis, Konbu und Salz in dem Wasser zum Kochen bringen. Auf kleinste Hitze schalten und 1 Stunde zugedeckt quellen lassen. Inzwischen den Honig in Essig auflösen. Den gekochten Reis auf einen großen, flachen Teller schütten und mit der Essigmischung besprenkeln. Mit einer Gabel wenden und möglichst schnell abkühlen, damit der Reis weich und lokker bleibt.

Sushi-Bällchen

Jeweils ca. 2 EL von dem abgekühlten Reis mit nassen Händen zu Kugeln oder Würstchen formen. Auf einen schönen Teller legen, mit einer oder mehreren der unten aufgeführten Zutaten verzieren. Mit Wasabi (japanischer Meerrettich), Shoju-Sojasoße und geriebener oder feingehackter Ingwerwurzel servieren.

Verzierungen

▷ Dünne Scheiben geräucherter Lachs, genauso groß wie die Reisbällchen.
▷ Geräucherte Austern, geräucherte Muscheln.
▷ Sardellen, Thunfisch.
▷ Scheiben von hartgekochten Eiern.
▷ Streifen von sehr frischem, rohem Fisch, 10 Minuten in Shoju-Sojasoße mariniert.
▷ Shiitake-Pilze, eingeweicht in Wasser (bis sie weich sind), danach 15 Minuten in dem Einweichwasser gekocht.
▷ In der Pfanne trocken geröstete Sesamsamen.
▷ Krabben, Garnelen oder Scampi.

▷ Feingehackte junge Frühlings-
zwiebeln.
▷ Blattspinat, leicht gekocht, mit
Knoblauch und Shoju-Sojasoße
abgeschmeckt.
▷ Gurken-, Radieschen- oder rohe
Champignonscheiben, in Shoju-
Sojasoße mariniert.
▷ Streifen von Eieromelett.

Sushi
in Tofutaschen

In Asienläden können Sie Tofu-Ta-
schen *(Inari),* fertig gekocht, in Dosen
finden. Diese Taschen werden wie ein
Kopfkissen mit Sushi-Reis und Verzierungen gefüllt, zugeklappt und kalt
serviert. Sehr lecker!

Sushi-Röllchen   Foto

*1 Serviette, leicht angefeuchtet
(oder Bambusmatte),
1 Paket Nori (Seetang-Blätter),
Sushi-Reis, Verzierungen wie oben*

Die Serviette auf einer glatten Arbeitsfläche auslegen, ein Blatt Nori
darauflegen. Mit Sushi-Reis etwa
1 cm hoch bedecken, Ränder frei halten. Verzierungen in einem oder
mehreren Querstreifen auf den Reis
legen und vorsichtig wie eine Biskuit-
rolle aufrollen, leicht zusammendrük-
ken. Die Serviette entfernen, die Röllchen einige Minuten ruhen lassen.
Mit einem sehr scharfen Messer in
3 cm breite Scheiben schneiden, auf
Teller legen und kalt servieren.

Japan

Suppen

Dashi
Foto

Grundbrühe für die japanische
Küche

50 g Katsoobushi
(Bonito-Flocken = Fischflocken,
nur in Asienläden erhältlich),
1 Stück Konbu (Band-Seetang,
in Bioläden erhältlich),
1½ l Wasser,
1 EL Shoju-Sojasoße, 1 TL Salz

Fischflocken und Seetang in dem
Wasser zum Kochen bringen, von der
Herdplatte nehmen und zugedeckt
5 Minuten ziehen lassen. Durch ein
Tuch absieben. Mit Shoju und Salz
würzen. Als klare Bouillon servieren,
mit oder ohne Wasabi (japanischer
Meerrettich) gewürzt. Oder als Basis
für Suppen und Soßen verwenden.

Hinweis
Dashi kann durch Hefebrühe oder eine andere Bouillon ersetzt werden –
besonders dann, wenn der Geschmack Ihnen nicht zusagt!

Japan

Miso-Suppe mit Gemüse und Nudeln

1 l Wasser, 2–3 EL getrocknete Krabben oder gekörnte Hefebrühe, 1 mittelgroße Zwiebel, sehr fein gehackt, 1 weißes (Teltower) Rübchen, fein gehackt oder geraffelt, 1 Möhre, fein gehackt oder geraffelt, 200 g Vollkornnudeln, gekocht, 50–100 g Misopaste, in kaltem Wasser aufgelöst und glatt gerührt, 3–4 EL Korianderkraut (chinesische Petersilie), fein gehackt, wenn erhältlich

Das Wasser mit den Krabben zum Kochen bringen, 10 Minuten köcheln. Die Gemüse einrühren und 5 Minuten köcheln. Die gekochten Nudeln und Miso einrühren, 2 Minuten ziehen lassen, aber nicht mehr kochen. In Portionsschalen verteilen, mit chinesischer Petersilie bestreuen.

Reiscremesuppe

1½ l Dashi (Seite 31), Hefebrühe oder Bouillon (aus 5 TL gekörnter Brühe), ca. 500 g übriggebliebener, gekochter Reis (ca. 200 g roher Reis) – bei mehr oder weniger müssen Sie die Flüssigkeitsmenge anpassen, Salz, viel schwarzer Pfeffer aus der Mühle, 2 Frühlingszwiebeln, fein gehackt, nach Belieben Tofu, hartgekochtes Ei oder Fischreste als Einlage, Shoju-Sojasoße, Ingwer, Chiliöl nach Wunsch

Die Brühe zum Kochen bringen. Den Reis einrühren und so lange köcheln, bis er zerfallen und die Suppe dick ist. Salz, Pfeffer und Zwiebeln einrühren, abschmecken. Tofu, Ei usw. als Einlage nach Wunsch verwenden. Mit Shoju, Ingwer und Chili würzen.

Scampisuppe

2 große Scampi, roh und ungeschält, oder 100 g Tofu, 1 Gurke, geschält, entkernt, 1 l Dashi (Seite 31) oder Hefebrühe (aus gut 3 TL gekörnter Brühe), 6 getrocknete Shiitake-Pilze, eingeweicht in ¼ l Wasser, 2 EL trockener Weißwein, 2 EL Shoju-Sojasoße, 1 TL Honig, Petersilie als Garnierung, 1 TL abgeriebene Zitronenschale

Die Scampis schälen, das Fleisch in kleine Würfel schneiden. Die Gurke in gleich große Würfel schneiden. Dashi oder Brühe zum Kochen bringen, die Scampischalen 10 Minuten darin kochen, mit einem Schaumlöffel herausnehmen und wegwerfen. Die eingeweichten Shiitake würfeln, mit dem abgesiebten (Sand!) Einweichwasser in die Brühe geben und 10 Minuten kochen. Scampi, Gurke und Wein dazugeben, aufkochen, sofort von der Kochplatte nehmen. Shoju und Honig einrühren. In Portionsteller verteilen, mit Petersilie garnieren und eine Prise Zitronenschale in jeden Teller geben. Sofort servieren.

Japan

Spinatsuppe

*1½ l Dashi (Seite 31) oder
Hefebrühe (aus 5 TL gekörnter
Brühe), 50 g Spinat, gut geputzt,
grob gehackt, 2 Frühlingszwiebeln,
in feine Scheiben geschnitten,
2 Eier, ½ TL Salz,
1 EL Shoju-Sojasoße,
1 TL geriebene Ingwerwurzel*

Die Brühe aufkochen. Spinat und
Zwiebeln hineingeben und 1 Minute
kochen. Die Eier mit Salz, Shoju und
Ingwer leicht verschlagen, in die Sup-
pe einrühren und 1 Minute kochen.
Sofort servieren.

Yakimono

Yakimono-Gerichte werden in Japan
direkt auf dem Holzkohlenrost gegrillt. Fleisch, Fisch und Gemüse werden kurz in eine Marinade aus Shoju,
Weißwein und Reissirup (oder Honig)
gelegt, auf Holzstäbchen aufgespießt
und kurz über der Glut geröstet. In
der westlichen Küche kann man natürlich die Gerichte unter den Back-
ofengrill schieben oder in einer Bratpfanne zubereiten.

Yaki-Marinade

*2 EL Misopaste, ⅛ l Shoju-Sojasoße,
1 TL Reissirup oder Honig,
2 EL Sherry oder Weißwein,
einige TL Wasser*

Alle Zutaten zu einer dünnflüssigen
Soße verrühren. Mit Wasser verdünnen, wenn nötig.

Yaki Soba

*250 g Weizenvollkornnudeln
(Spaghetti, Tagliatelli oder
Fadennudeln), 300 g Tofu, in
5 cm breite und 2–3 cm dicke
Scheiben geschnitten,
2 EL Miso, 2 EL Sherry,
4 EL Sojasoße, 2–3 EL Mehl,
3 El Öl, 1 Knoblauchzehe,
zerdrückt, 500 g Weißkohl oder
Spitzkohl, in Streifen geschnitten,
1 große, milde Gemüsezwiebel,
in Scheiben geschnitten,
3 EL Hoisin- oder Austernsoße,
Chiliöl oder Tabasco*

Die Nudeln bißfest kochen, kalt ab-
schrecken, heiß überbrausen, abtropfen. Die Tofustreifen in der Mischung
aus Miso, Sherry und Sojasoße marinieren, danach in Mehl wenden. 2 EL
Öl in einer großen Pfanne stark erhitzen, die Tofustreifen darin beidseitig
bräunen, herausnehmen, auf Küchenpapier abtropfen. Das restliche Öl erhitzen, Knoblauch kurz darin braten,
Kohl und Zwiebel zufügen und 1 Minute rühren. Mit Marinade übergießen, die Nudeln und Tofu dazurühren
und gut durchwärmen. Mit Hoisin-
oder Austernsoße und Chiliöl oder
Tabasco würzen.

Nasubi-Yaki

Yaki-Tofu   Foto

*1 kg kleine, glatthäutige
Auberginen,
2 Knoblauchzehen,
Yaki-Marinade (Seite 33)*

*300 g Tofu, in Würfel geschnitten,
Zwiebelstückchen, frische Pilze und
Möhrenscheiben, zusammen
ca. 500 g, Yaki-Marinade (Seite 33)*

Die Auberginen gut waschen und ungeschält in dünne Querscheiben
schneiden. Knoblauch zu Mus zerdrücken und mit der Marinade mischen. Die Auberginenscheiben in
der Marinade wenden, beidseitig
2–3 Minuten grillen.
Nach diesem Rezept können Sie auch
andere Gemüse, z.B. dickfleischige
Pilze oder Kürbisscheiben, grillen.

Die Tofuwürfel abwechselnd mit den
Gemüsestückchen auf Holzspieße
aufreihen. Mit der Yaki-Marinade
bepinseln oder in der Marinade einige Minuten wenden. Über Holzkohle
oder unter einem Grill rösten oder in
einer heißen Bratpfanne in Öl ausbacken. Dieses Rezept können Sie
mit allen erdenklichen Gemüsesorten
variieren!

Japan

Mushimono

Mushi-Gerichte sind gedämpfte Gerichte. Sie werden in Portionsschalen mit Deckeln gegart, ein Eßgeschirr, das Sie bei uns nur in Asienläden bekommen können. Als Alternative bieten sich Suppentassen an, die während der Garzeit mit Alufolie verschlossen werden. Zum Dämpfen können Sie einen großen Bräter mit Deckel auf dem Herd oder die Saftpfanne des Ofens verwenden. Im Ofen werden die einzelnen Tassen in kochendes Wasser in die Saftpfanne gesetzt und das Ganze mit Alufolie abgedeckt.

Chawan-Mushi   Foto

6 Eier, ¾ l Dashi (Seite 31)
oder Hefebrühe (aus 2–3 TL
gekörnter Brühe), 2 EL Sherry
oder trockener Weißwein,
5 EL Shoju-Sojasoße,
6 Champignons, in Scheiben
geschnitten, 6 kleine Krabben,
Fischfiletstückchen oder Tofuwürfel
(oder gekochtes Fleisch),
6 Stückchen Bambussprossen oder
Wasserkastanien, fein gewürfelt,
6 frische Zitronenspalten

Die Eier leicht schlagen, mit Dashi oder Brühe, Wein und 2–3 EL Shoju mischen. Durch ein Sieb gießen, um die Zutaten gründlich zu vermengen,

Japan

ohne schlagen zu müssen (Blasenbildung!). Die restlichen Zutaten außer Zitrone mit der verbliebenen Shoju mischen, in 6 Tassen verteilen. Die Eiermischung darübergießen. Die Tassen fest zudecken. In einem großen Topf 2–3 cm hoch Wasser zum Kochen bringen, die Tassen hineinsetzen, den Topf zudecken und 10–15 Minuten leise sieden, aber nicht kochen lassen. Nach 10–12 Minuten 1 Tasse herausnehmen, mit einem Zahnstocher oder spitzen Messer einstechen. Wenn keine Flüssigkeit ausläuft, sind die Chawan gar. Sofort servieren. Die Zitronenspalten separat reichen, sie werden darüber ausgepreßt.

Odamaki-Mushi

100 g Spaghetti, Tagliatelli oder Buchweizennudeln, gar gekocht,
4 EL Shoju-Sojasoße, 6 Matsutake-
oder Shiitake-Pilze, eingeweicht
und in dem Einweichwasser weich
gekocht, dann fein gehackt,
2 Möhren, gar gekocht, gewürfelt,
1 TL Sesamsamen, trocken geröstet,
4 Frühlingszwiebeln mit Grün,
gehackt, 5 Eier,
½ l Dashi (Seite 31) oder
Hefebrühe (aus knapp
2 TL gekörnter Brühe),
2 TL Reis- oder Apfelessig,
1 TL Salz, 6 Zitronenscheiben

Gekochte Nudeln mit 2 EL Shoju mischen und in 6 Tassen füllen. Pilze, Möhren, Sesam und Zwiebeln in die Tassen verteilen. Die Eier mit 2 EL

Shoju, Dashi, Essig und Salz schlagen, in die Tassen gießen. Die Tassen zudecken und in einen großen Topf über 2–3 cm hoch kochendes Wasser stellen. Den Topf zudecken und 15 Minuten sieden, aber nicht mehr kochen lassen. Mit Zitronenscheiben servieren.

Tempura   Foto Seite 38

Diese in Teig gebackenen Gerichte zählen wohl zu den schönsten und schmackhaftesten Speisen der japanischen Küche. Tempura ist ein Festessen, das viel Vorbereitung braucht, aber enormen Spaß bietet. Alle Zutaten müssen absolut frisch sein. Sie werden in mundgerechte Stücke geschnitten, in einen leichten Bierteig getunkt, in absolut frischem Öl gebacken und sofort mit verschiedenen Soßen und Beilagen serviert.
Durch das Backen in Öl ist Tempura für viele Menschen nicht gerade leicht verdaulich. Daher viel Salat, Naturreis und »tsukemono« dazu servieren und die gebackenen Speisen nach und nach, nicht alle auf einmal, reichen. Dies ist einfacher, wenn man die Tempura am Tisch zubereiten kann. Die rohen Zutaten (Gemüse, Pilze, Tofu, Algen, Fisch) werden hübsch auf große Platten ausgelegt. Jeder Gast spießt das gewünschte Stück auf, tunkt es in den Teig und friert es nach Geschmack. Sonst müssen Sie die einzelnen Zutaten vorher fritieren und im Ofen heißhalten.

Japan

Zutaten für Tempura

▷ Geschälte, rohe Scampis oder Shrimps oder auch Fisch (z. B. Calamaris = Tintenfisch).

▷ Petersilienzweiglein.

▷ Rote und grüne Paprikaschoten, in 2 cm große Würfel geschnitten.

▷ Hauchdünne Scheiben von Möhren, Rüben, Kürbis, Süßkartoffeln, Rettich, Radieschen.

▷ Grüne Bohnen, vorher blanchiert.

▷ Dünne Auberginenscheiben, leicht mit Shoju-Sojasoße bepinselt.

▷ Konbu-Algen, in 5 cm große Stücke geschnitten, mindestens 1 Stunde in wenig Wasser eingeweicht.

▷ Tofu, in Würfel oder Scheiben geschnitten.

▷ Pilze, in dicke Scheiben geschnitten oder ganz (wenn klein).

▷ Salbeiblätter (gut wegen der Fettverdauung).

▷ Blumenkohl- und Brokkoliröschen.

▷ Scheiben von milden Gemüsezwiebeln.

Tempura-Gewürze

▷ Chiliöl.

▷ Sesamöl, geröstet.

▷ Knoblauch, mit etwas Salz zu Mus gedrückt und mit trocken gerösteten Sesamsamen vermischt.

▷ Wasabi-Paste (japanisches Meerrettichpulver, mit Wasser zu einer senfähnlichen Paste gerührt).

▷ Grobgemahlener schwarzer Pfeffer aus der Mühle.

▷ Abgeriebene Zitronenschale (von unbehandelten Zitronen!).

▷ Zitronenspalten zum Auspressen.

Die Gewürze in schöne Schälchen geben und auf einem Tablett mitten auf den Tisch stellen. Jeder Gast kann nach Geschmack davon probieren.

Fahrplan

Erstens
500 g Langkorn-Naturreis mit 1½ l Wasser aufkochen, zudecken, auf kleinster Hitze 50–60 Minuten quellen lassen. Währenddessen die restlichen Zutaten zubereiten.

Zweitens
Die Tempura-Soße zubereiten und in Portionsschalen verteilen. Beiseite stellen.

Drittens
Das Gemüse, Fisch, Tofu usw. vorbereiten: putzen, in Stücke schneiden, auf Platten anrichten.

Viertens
Die Gewürze in Schälchen verteilen. 1 oder 2 Salate zubereiten. Tsukemono in Schälchen geben.

Fünftens
Den Tempura-Teig zubereiten. Das Öl zum Fritieren erhitzen.

Kurz bevor die Gäste am Tisch sitzen
Die Soßen, Gewürze, Salate und Reis auftischen. Die Tempura-Zutaten in den Teig tunken und nach und nach fritieren. So schnell wie möglich servieren (oder bei Tisch fritieren).

Nachspeise
Obst kann man auch fritieren! Apfelscheiben, Bananenstückchen, Birnenachtel und andere Obstsorten, in Tempura-Teig gebacken, als schöner Abschluß zu einem Tempura-Fest!

Japan

Tempura-Soße   Foto Mitte

*¼ l Dashi (Seite 31) oder
Hefebrühe,
⅛ l Shoju-Sojasoße,
⅛ l Sherry oder Weißwein,
2 EL frisch geriebener Meerrettich,
1 EL frisch geriebener Ingwer*

Alle Zutaten mischen. In Portionsschalen auf den Tisch stellen. Tempura in die Soße tunken und nach indi-
viduellen Wünschen würzen.

Tempura-Teig

*125 g sehr feines Weizen-
vollkornmehl, 2 Eier, ¼ l Wasser*

Das Mehl frisch mahlen, einen Teil
von der Kleie aussieben. Eier und
Wasser leicht zusammenschlagen,
das Mehl nach und nach dazugeben,
leicht einrühren, *nicht zu gründlich
mischen!* Der Teig sollte noch leicht
klumpig bleiben, damit die Tempura
nicht zu schwer werden.

Japan

Tsukemono

Tsukemono sind sauer eingelegte Gemüse. Sie begleiten fast jedes japanische Essen. In eine oder mehrere kleine Schalen verteilt werden sie als pikante Abwechslung zwischen den Speisen genossen. Jede Hausfrau, die etwas auf sich hält, ist stolz auf ihre selbstgemachten Tsukemono und hat mehrere Töpfe davon im Keller oder Kühlschrank stehen. Diese »Pickles« sind aus allen erdenklichen Gemüsen salzig-sauer eingelegt, ähnlich wie unser Sauerkraut oder milchsaure grüne Bohnen. Auch wenn Sie nie japanisch kochen, können Sie dieses vitamin- und mineralstoffreiche saure Gemüse zu jeglichem Menü servieren.

Grünes Gemüse-Miso-Tsukemono
Schnell gemacht

500 g Spinat, Mangold, Senfgemüse, Rosenkohl, Pak Choy oder anderes grünes Gemüse, 3 EL Sesamsamen, trocken geröstet, 3 EL Misopaste, 2 EL Honig, 2–3 EL Wasser

Spinat oder andere Gemüse gründlich putzen, waschen. Tropfnaß in einen großen Topf geben und kurz kochen, bis die Blätter gerade zusammenfallen. Abtropfen. Die restlichen Zutaten zu einer flüssigen Soße verrühren, mit dem Gemüse mischen und mehrere Stunden im Kühlschrank ziehen lassen. Kalt servieren.

Weißkohl-Tsukemono

2 kg Weißkohl, 2 Knoblauchzehen, 10–12 Chilischoten, 1 Bund (ca. 5 Stück) Frühlingszwiebeln, 1 kleines weißes (Teltower) Rübchen oder 1 Kohlrabi, 1 Gurke, 100 g Salz

Den Weißkohl grob in Streifen schneiden. Knoblauch fein hacken, Chili zerkrümeln (wenn trocken) oder fein hacken (wenn frisch). Frühlingszwiebeln mit Grün in 4–5 cm große Stücke schneiden, Rübchen in dünne Scheiben raffeln. Gurke schälen, halbieren, entkernen und in Scheiben schneiden. Alle Zutaten mit dem Salz mischen, in einen Steinguttopf schichten, mit einem Teller zudecken, mit einem Stein oder anderem Gewicht beschweren. 3–4 Tage ziehen lassen, gelegentlich umrühren.

Gurken-Tsukemono
Schnell gemacht

1 Schlangengurke, Salz, 1 EL Shoju-Sojasoße, 2 TL Reis- oder Obstessig

Die ungeschälte Gurke in feine Scheiben schneiden und salzen. Nach 1 Stunde die Gurkenscheiben abspülen und in einem Küchentuch leicht auspressen. Mit Shoju und Essig besprenkeln.

Japan

Chinakohl-Tsukemono

2–3 kg Chinakohl,
100 g Salz,
10–12 getrocknete rote
Chilischoten

Chinakohl waschen, den Strunk keilförmig ausschneiden. Den Kohl vierteln, jedes Viertel dick mit Salz bestreuen und in einen großen Steinguttopf schichten; zerkrümelte Chilischote dazwischenstreuen. Mit einem Teller zudecken und mit einem Stein oder anderem Gewicht beschweren. 4–5 Tage bei Zimmertemperatur gären lassen, gelegentlich umrühren. Nach 5 Tagen ist der Kohl als Beilage zu servieren. Wenn Sie ihn länger aufheben wollen, müssen Sie ihn wie Sauerkraut in einen kalten Keller stellen.

Spinat-Tsukemono
Schnell gemacht

500 g frischer Blattspinat,
3 EL Shoju-Sojasoße,
1 TL Honig,
3–4 EL Zitronensaft,
Salz,
1 TL Sesamöl (geröstet)

Den Spinat gut putzen (Stiele entfernen) und waschen. Tropfnaß in einen Topf geben und erhitzen, bis die Blätter gerade welken. Sofort auf einen Teller geben. Die restlichen Zutaten mischen und über den Spinat gießen. Kalt servieren.

Kohl- oder Rüben-Miso-Tsukemono

1 mittelgroßer Weißkohl (ca. 1½ kg)
oder gleiche Menge gelbe Rüben,
⅛ l Wasser,
3 EL Misopaste,
3 EL Reis- oder Obstessig,
3 TL Reissirup oder Honig,
1 EL Wasabi-Paste oder
sehr scharfer Senf

Kohl oder Rüben fein raffeln. In einem großen Topf mit Deckel das Wasser aufkochen. Gemüse hineinfüllen, umrühren, zudecken und vom Feuer nehmen. 5 Minuten ziehen lassen, abgießen. Restliche Zutaten zusammenrühren und mit dem Gemüse vermischen. Heiß oder kalt als Beilage servieren.

Konbu-Tsukemono

1 Paket (ca. 100 g) Konbu
(Band-Seetang), ca. ¼ l Wasser,
2 EL Reis- oder Apfelessig,
⅛ l Shoju-Sojasoße,
1 TL Reissirup oder Honig,
1 EL frisch geriebene
Ingwerwurzel,
1 TL Senfkörner,
trocken geröstet

Konbu über Nacht in dem Wasser einweichen. Den Essig in das Einweichwasser geben, Konbu ca. ½ Stunde köcheln. Mit den restlichen Zutaten mischen, im Kühlschrank mehrere Stunden ziehen lassen. Kalt servieren.

Japan

Süß-saures Möhren-Tsukemono
Schnell gemacht

250 g Möhren, gut geschrubbt,
2 EL Reissirup oder Honig,
⅛ l Reis- oder Apfelessig,
5 EL Shoju-Sojasoße

Die Möhren grob raffeln, mit den restlichen Zutaten mischen und ½ Stunde im Kühlschrank ziehen lassen.

Salate

Aemono-Salat

3 EL Sesamsamen, 250 g gemischter grüner Salat, am besten Spinat, Endivien und Kopfsalat, geputzt, in mundgerechte Stücke zerteilt, 250 g grüne Bohnen, gekocht, etwas abgekühlt

Soße
5 EL heiße Dashi (Seite 31) oder Hefebrühe (aus 1 TL gekörnter Brühe), 2 EL Shoju-Sojasoße, 1 EL Honig

Sesam in einer trockenen Bratpfanne erhitzen, bis die Körner »springen«. In einem Mörser oder Mixer leicht mahlen.
Für die Soße Dashi oder Hefebrühe erhitzen, Sojasoße und Honig darin erwärmen, bis der Honig sich völlig aufgelöst hat.

Den Salat auf einem Teller anrichten. Die Bohnen mit der Brühe mischen, auf den Salat häufen. Mit Sesam bestreuen.

Sunomono-Salat

1 rote Paprikaschote,
gewürfelt,
100 g grüne Bohnen, gekocht
(oder TK-Bohnen, aufgetaut),
in 2 cm große Stücke
geschnitten,
50 g Zuckererbsenschoten,
in 2 cm breite Streifen geschnitten,
1 Bund Radieschen, in Scheiben
geschnitten,
3 Shiitake-Pilze, eingeweicht,
im Einweichwasser weich gekocht,
in Streifen geschnitten,
3 cm Ingwerwurzel,
sehr fein gewürfelt,
3 Frühlingszwiebeln, in
1 cm breite Ringe geschnitten
(auch das Grün)

Soße
3 EL Reis- oder Obstessig,
5 EL Sesamöl (ungeröstet),
1 EL Sojasoße,
3 EL Dashi (Seite 31)
oder Hefebrühe,
1 TL flüssiger Honig,
½ TL Sesamöl (geröstet)

Die kleingeschnittenen Gemüse mit den verrührten Soßenzutaten mischen, in Portionsschalen verteilen und als Beilage servieren.

Japan

Wasabi-Fisch-Salat

200 g frischer Fisch – am besten schmeckt eine Mischung aus Calamaris (Tintenfisch) mit mildem Fisch, z. B. Seelachsfilet, zum Ausbacken des Fischfilets Shoju-Sojasoße, Pfeilwurzelmehl und Sesamöl,
200–500 g gemischter Salat, z. B. Radicchio mit Feldsalat oder Batavia mit Radieschenscheiben oder Gurkenscheiben mit Endivien

Soße
5 EL Sesamöl (ungeröstet),
5 EL Shoju-Sojasoße,
2 EL angerührtes Wasabipulver (japanisches Meerrettichpulver)

Calamaris 3–4 Minuten in kochendem Wasser blanchieren. Abtropfen, abkühlen lassen, in Stücke schneiden. Fischfilet mit Shoju bepinseln, mit Pfeilwurzelmehl leicht bestäuben, kurz beidseitig in 1–2 EL Sesamöl ausbacken. Abkühlen lassen, in kleine Stücke schneiden. Die Soße anrühren. Salat putzen und hübsch auf einem großen Teller arrangieren, dabei größere Blätter in mundgerechte Stücke schneiden. Fisch auf die Blätter legen und mit der Soße übergießen.

Mungobohnensprossen-Salat

500 g Mungobohnensprossen, in kaltem Wasser gewaschen und abgetropft,
1 Möhre, grob gerieben,
1 EL Sesamsamen, geröstet,
2 EL Sesamöl (ungeröstet),
4 EL Reisessig oder
2 EL Apfelessig,
2 TL Shoju-Sojasoße

Die Sprossen mit den restlichen Zutaten mischen und ½ Stunde im Kühlschrank ziehen lassen.

Die Vollwertküche Südostasiens

Die Länder Südostasiens und die paradiesischen Inseln und Halbinseln sind seit Urzeiten das Ziel von Händlern, Schiffen und Karawanen aus aller Welt. Hier in der warmen, fruchtbaren Inselwelt sind die Einflüsse zahlreicher Kulturen aufgenommen worden, und dennoch haben Leben, Kultur und die Küche ihren eigenen Charakter behalten.

In der Küche sind die vielen Außeneinflüsse deutlich zu spüren: Merkmale der Cuisine Indiens, Chinas, Arabiens und Europas sind in den Rezepten zu finden, aber abgewandelt und dem Geschmack der Bevölkerung angepaßt. Dieser Geschmack wird geprägt von den Gewürzen mit ihrer vielfältigen und aufregenden Palette von Farben und Gerüchen, Gewürze, die Südostasien aus heimischen und fremdländischen Ernten verwendet. Grundlagen der Küche sind dieselben wie überall in der Welt: Reis, Nudeln, Gemüse, Fisch, Eier und manchmal auch Fleisch (Milchprodukte kommen so gut wie gar nicht vor). Aber wie sie gewürzt werden in der thailändischen, indonesischen, malaiischen oder birmesischen Küche, das erhebt diese Cuisine zu einer der größten der Welt.

Die Küche selbst besteht meistens aus einem einfachen Holzkohlen- oder Petroleumkocher, denn fast alle Gerichte werden *auf* dem Herd gekocht, gebraten oder geschmort. Ein Backofen ist unbekannt, überbacken wird gar nicht. Fleisch, das nicht gekocht oder geschmort wird, kommt meistens direkt übers Feuer als Barbecue.

Südostasien

SPEZIELLE ZUTATEN

Kokosmilch

Eine unentbehrliche Zutat der südostasiatischen Küche ist die Kokosmilch. Diese ist nicht, wie oft gemeint, das Wasser, das in einer Kokosnuß plätschert, wenn man sie schüttelt, sondern eine Milch, die dem geraspelten Kokosfleisch entzogen wird. Frische oder getrocknete Kokosraspel (ungesüßt!) werden mit kochendem Wasser übergossen und müssen, wie Tee, etwa 20 Minuten ziehen. Danach wird die Mischung durch ein Tuch gegossen und gründlich ausgepreßt. Die aufgefangene Flüssigkeit ist eben Kokosmilch. Je nach dem Mengenverhältnis von Kokosraspel und Wasser bekommt man eine dicke, cremige *Kokossahne* oder eine dünnere Milch. Ich nehme meistens ½ l Wasser auf 250 g Kokosraspel.

Nuoc-Cham

Scharfes Fischgewürz.
1 Knoblauchzehe zerdrücken, 1 kleine, getrocknete Chilischote zerreiben. Zusammen mit 2 EL Honig, dem Saft von ½ Zitrone, 2 EL Fischsoße (Nuoc-Mam) und 2 EL Wasser vermischen. Zu allen vietnamesischen und anderen südostasiatischen Speisen als pikante Beilage servieren.

Von den typischen Gewürzen dieser Küche sind die meisten in einem gutsortierten Gewürzladen zu finden: Kardamom, Chilipfeffer, Zimt, Nelken, Koriander, Cumin (»Türkenkümmel«), Fenchel, frische Ingwerwurzel, Muskat, Anis. Unsere neuzeitlichen Völkerwanderungen haben viele Asienläden und Indien-Shops ins Leben gerufen, und in den meisten Großstädten Deutschlands kann man dort original die frischen asiatischen Gewürze kaufen. Hier sollten Sie versuchen, auch folgende Zutaten von möglichst bester Qualität zu bekommen.

Blachan oder Trassi

Eine fermentierte Fischpaste, sehr stark in Geschmack und Geruch, in winzigen Mengen zu verwenden. Soll in einem luftdichten Glas im Kühlschrank aufbewahrt werden. Als Ersatz können Sie Anchovis- oder Garnelenpaste oder Hummersuppenkonzentrat nehmen.

Curry- oder Salamblätter

Kleine, lorbeerblattähnliche Blätter, selten frisch, aber getrocknet zu kaufen. Es gibt dafür keinen Ersatz, nur Verzicht!

Fischsoße (Nuoc-Mam)

Eine salzige, würzige Flüssigkeit, wie Sojasoße, aber von fermentierten Sardellen gewonnen.

Ketjap Manis

Süße Sojasoße, in den meisten gutsortierten Läden zu bekommen.

Korianderkraut

Korianderkörner sind überall erhältlich, aber das frische Kraut, auch *chinesische Petersilie* genannt, schmeckt völlig anders. Es hat ein sehr ausgeprägtes Aroma und ist eigentlich durch nichts zu ersetzen.

Südostasien

Kroepok oder Krupuk

Kleine, harte Krabben-Chips, fertig zu kaufen in Asienläden. Sie werden kurz in schwimmendem Fett gebakken und quellen dabei enorm auf. Abgetropft auf Küchenkrepp werden sie warm oder kalt zum Essen serviert.

Kurkuma oder Gelbwurz

Als Pulver überall erhältlich, als frische Wurzel sehr selten. Oft irrtümlich »Safran« genannt, weil die intensive Gelbfarbe ähnlich wie die des echten Safran verwendet wird, um goldgelben Reis zu kochen.

Laos-Wurzel

Sieht aus wie eine Iriswurzel, schmeckt sehr scharf und aromatisch und ist meistens als Pulver zu bekommen. Ich kenne keinen Ersatz dafür.

Salamblätter

Siehe Curryblätter.

Sambal Oelek

Paste aus frischen Chilischoten. Notwendig in der indonesischen Küche.

Tamarind-Extrakt und Tamarind-Fleisch

Das Tamarind-Fruchtfleisch ist besonders säuerlich. Ein Extrakt oder das getrocknete Fleisch wird in wenig Wasser aufgelöst bzw. eingeweicht. Das dadurch gesäuerte Wasser wird wie Essig verwendet. Tamarind ist in Asienläden zu bekommen; es kann durch Apfelessig ersetzt werden.

Trassi

Siehe Blachan.

Zitronengras

Pflanzen, die aussehen wie kleine Lauchstecklinge. Wenn Sie frische Gräser bekommen, können Sie sie im Garten pflanzen. Im Sommer werden sie schnell wachsen, im Winter kann man die Pflanzen im Topf auf der Fensterbank am Leben halten. Zitronengras duftet wunderbar intensiv. Als Alternative dient Zitronenmelisse oder feingeriebene Zitronenschale. Zitronengras ist manchmal als Pulver erhältlich: *Sereh-Pulver.*

MAHLZEITEN

Die Küche Südostasiens kombiniert gerne Gerichte aus China, Indien oder Arabien in einer Mahlzeit, bei der die Rezepte dem Geschmack der Familie eben angepaßt werden. Sie können genauso verfahren; Sie müssen nur die einzelnen Geschmacksrichtungen erst kennenlernen, damit die verschiedenen Speisen auch miteinander harmonieren. Am einfachsten ist es, mit einer Reistafel anzufangen, bestehend aus Reis, einem warmen Gericht und zwei oder drei kleinen Sambals. Die Sambals werden im voraus zubereitet, der Reis etwa 40 Minuten vor der Mahlzeit aufgesetzt, dazu werden ein, höchstens zwei warme Gemüsegerichte zubereitet. Die folgenden Rezepte sind relativ einfach. Keines verlangt mehr als eine halbe Stunde in der Küche – vorausgesetzt, Sie haben die Rezepte vorher studiert und die Zutaten alle beisammen!

Goldener Reis   Foto

Nasi Kuning
Indonesien

200 g Reis
(¼ l im Meßbecher),
½ l Wasser,
2 Stangen Zitronengras,
2 Curryblätter,
1 EL Kurkumapulver,
1 TL Salz

Alle Zutaten mischen, zum Kochen
bringen, fest zudecken und auf niedrigster Hitze 40 Minuten quellen lassen. Umrühren, abschmecken, nochmals 5 Minuten zugedeckt quellen
lassen.

Kokosreis

Ganz Südostasien

200 g Reis (¼ l im Meßbecher),
½ l Kokosmilch (Seite 44),
2 Nelken,
1 Sternanis oder
1 Prise Aniskörner,
1 Zwiebel, in sehr feine Scheiben
geschnitten,
2 EL Butter,
Salz,
Pfeffer

Reis, Kokosmilch und die Gewürze
zum Kochen bringen, fest zudecken
und auf kleinster Hitze ½ Stunde
quellen lassen. Inzwischen die Zwie-

Goldener Reis mit 3 verschiedenen Sambals.
Links: Tomaten-Sambal, Rezept Seite 57.   Mitte: Zwiebel-Sambal (noch roh),
Rezept Seite 56.   Rechts: Spinat-Sambal, Rezept Seite 56

belscheiben in der Butter sehr langsam goldbraun schmoren, in den Reis
einrühren und mit Salz und Pfeffer
abschmecken. Nochmals 10 Minuten
zugedeckt quellen lassen.

Gebratener Reis mit Eiern
Nasi Goreng
Sumatra

*250 g Langkorn-Naturreis,
gekocht (siehe Grundrezept
Seite 11),
1 mittelgroße Zwiebel, in dünne
Scheiben geschnitten,
3 Knoblauchzehen, in dünne
Scheiben geschnitten,
2 EL Kokosfett oder Butter,
300 g Tofu,
3 EL Sojasoße,
2 TL Sambal Oelek (Chilipaste),
1–2 EL Kurkuma oder süßes
Paprikapulver,
100 g gekochte Garnelen
oder Krabben,
pro Person 1 Ei,
Zwiebel-Sambal und
Kokosflocken-Sambal
(Seite 56)*

Den Reis kochen und abkühlen lassen. In einer großen Pfanne die Zwiebel und die Knoblauchzehen im Fett
goldgelb braten. Den Tofu in Würfel
schneiden, mit der Sojasoße mischen,
10 Minuten ziehen und dann abtropfen lassen. Zur Zwiebel geben und
ringsum bräunen. Die abgetropfte
Sojasoße, Sambal Oelek und Kurkuma (für gelben Reis) oder Paprika (für
eine rosige Farbe) dazugeben, umrühren. Die Garnelen einrühren, den
Reis dazugeben und unter ständigem
Rühren erhitzen. Pro Person 1 Spie-
gelei braten. Den Reis auf einen großen Teller geben, mit den Spiegelei-
ern, Zwiebel-Sambal und Kokos-Sam-
bal garnieren. Mit Salat und Mais-
oder Erdnußplätzchen (Seite 51) und
Kroepok (Seite 45) servieren.

Gebratene Nudeln
Bahmi Goreng
Indonesien

*500 g Vollkornspätzle oder
Vollkorn-Tagliatelli, gekocht,
1 große Gemüsezwiebel, in feine
Scheiben geschnitten,
1 Knoblauchzehe, gehackt,
5 EL Kokosfett oder Öl,
2 Eier, geschlagen,
3–4 Weißkohlblätter, in feine Streifen
geschnitten,
1 Möhre, grob geraffelt,
1 Bund Schnittlauch, in Röllchen
geschnitten,
4 EL Sojasoße*

Die Nudeln bißfest kochen, abgießen
und warmstellen. Zwiebel und Knoblauch in 2 EL Fett braun braten, beiseite stellen. Die Eier beidseitig als
dünne Omeletts in 1 EL Fett ausbakken, auf einen Teller legen und in
Streifen schneiden. In dem restlichen
Fett die Kohlblätter und die Möhre
sehr kurz anbraten, Nudeln, Zwiebeln und Eierstreifen zugeben und alles vermengen. Mit Schnittlauch und
Sojasoße servieren.

Südostasien

Mönchssuppe
Vietnam

*1 l Wasser, 500 g gelber Kürbis
(Winterkürbis), gewürfelt,
1 Süßkartoffel (Balkanladen),
gewürfelt, 50 g Mungobohnen,
1 Stunde in Wasser eingeweicht,
100 g ungesalzene Erdnußkerne
(Bioladen), grob gehackt,
3 EL Öl, 1 Würfel (ca. 300 g) Tofu,
1 l Kokosmilch (Seite 44),
4 EL Fischsoße (Nuoc-Mam), Salz*

Das Wasser zum Kochen bringen,
Kürbis- und Süßkartoffelwürfel, die
eingeweichten Mungobohnen und
die Erdnußkerne hineingeben und
40 Minuten bei mäßiger Hitze kochen. Inzwischen das Öl erhitzen,
den Tofu in Scheiben schneiden und
in dem Öl ringsum bräunen. Wenn
die Mungobohnen weich sind, Tofu,
Kokosmilch und Nuoc-Mam dazugeben, nochmals aufkochen und mit
Salz würzen. Mit Reis und Nuoc-
Cham (Seite 44) servieren.

Kokosnußsuppe
Thailand

*1 Kokosnuß, 1 l Wasser,
4 TL gekörnte Brühe,
1 TL gemahlener Koriander,
1 TL Muskatblüte, 1 TL Kurkuma,
2 Eigelb, 1 EL Weizenmehl,
2 EL Butter*

Die Kokosnuß im vorgeheizten Ofen
bei 200 °C 15 Minuten backen, abkühlen, mit einem Hammer zerschla-

gen und das Fleisch herausnehmen.
Auf einer Gemüsereibe fein reiben
und die Raspel in dem Wasser zum
Kochen bringen. Oder: Mit einem Teil
des Wassers im Mixer pürieren und
mit dem restlichen Wasser zum Kochen bringen. 3 Minuten kochen,
durch ein Tuch absieben, die Flüssigkeit (= Kokosmilch) auffangen. Das
Tuch tüchtig auswringen, die Kokosraspel beiseite stellen. Kokosmilch,
Brühe und Gewürze mischen. Eigelb
und Mehl mit etwas Wasser zu einer
dünnen Soße rühren, in die Suppe
geben und ziehen, aber nicht kochen
lassen, bis die Suppe eindickt. 3–4 EL
der beiseite gestellten Kokosflocken
in der Butter leicht bräunen, auf die
Suppe streuen, servieren.

Blumenkohl
in Kokosmilch
Java

*1 mittelgroße Zwiebel, in feine
Scheiben geschnitten,
1 Knoblauchzehe, gehackt,
1 kleine, frische grüne Peperoni,
fein gehackt,
2 EL Mais- oder Olivenöl,
ca. 500 g Blumenkohl (1 Kopf),
in Röschen geteilt,
¼ l Kokosmilch (Seite 44),
1 Curryblatt oder 1 Lorbeerblatt,
1 Stück Laos-Wurzel oder
1 TL Laos-Pulver,
1 TL gekörnte Hefebrühe,
1 erbsengroßes Stück Trassi
(Fischpaste),
1 TL Obstessig,
2 reife Tomaten, gewürfelt*

Zwiebel, Knoblauch und Peperoni in dem Öl braten, bis sie leicht welken. Die Blumenkohlröschen dazugeben und 2 Minuten mitbraten. Kokosmilch und die restlichen Zutaten außer Tomaten dazugeben, zudecken und ca. 10 Minuten köcheln lassen. Die Tomatenwürfel einmischen und weitere 2 Minuten kochen. Sofort servieren, damit das Gemüse nicht zu weich wird.

Wirsing-Curry in Zitronensoße

Indonesien

500–1000 g Wirsing, in feine Streifen geschnitten,
1 frische grüne Chilischote, sehr fein gehackt,
1 erbsengroßes Stück Trassi (Fischpaste),
2 Zwiebeln, fein gehackt,
1–3 Knoblauchzehen, zerdrückt,
50 g Erdnüsse, gemahlen,
2 TL Korianderkörner, gemahlen,
7 EL Öl, Saft von 2 Zitronen,
1 Stange Zitronengras, der Länge nach in mehrere Streifen geschnitten,
1 Gemüsezwiebel, in Ringe geschnitten,
4 gehäufte EL Kokosflocken

Die Wirsingstreifen in kaltem Wasser waschen und abtropfen lassen. Chilischote, Trassi, Zwiebeln, Knoblauch, Nüsse und Koriander mit 3 EL Öl vermengen und mit einem Blitzhacker oder zwei scharfen Messern zu einer Paste zerhacken. In eine Bratpfanne geben und unter häufigem Wenden

2–3 Minuten braten. Den abgetropften Wirsing, Zitronensaft und Zitronengras dazugeben und 10 Minuten schmoren, bis der Wirsing weich ist. Inzwischen die Zwiebelringe und die Kokosflocken in einer zweiten Pfanne in dem restlichen Öl goldbraun rösten. Wenn der Wirsing gar ist, in eine Schüssel geben und die Kokosmischung darüberstreuen. Mit Reis servieren.

Tomaten-Curry

Thailand

500 g frische, reife Tomaten, 1 große Gemüsezwiebel, 1 Knoblauchzehe,
3 EL Öl,
1 EL Currypulver,
¼ l Kokosmilch (Seite 44),
1 erbsengroßes Stück Trassi,
2 Curryblätter,
2 TL Ketjap Manis (süße Sojasoße),
Salz, Pfeffer, Sambal Oelek (Chilipaste)

Die Tomaten kurz überbrühen, häuten und in Scheiben schneiden, beiseite legen. Die Zwiebel in feine Scheiben schneiden, den Knoblauch fein hacken. Zwiebel und Knoblauch im Öl langsam schmoren, bis die Zwiebel weich und leicht gebräunt ist. Currypulver darüberstreuen und kurz mitschmoren. Kokosmilch, Trassi, Curryblätter und Ketjap Manis dazugeben, zum Kochen bringen und leicht einkochen. Die Tomatenscheiben zufügen und 5 Minuten kochen. Mit Salz, Pfeffer und Sambal Oelek abschmecken, heiß servieren.

Südostasien

Kürbis mit Spinat

Foto

Sumatra

6 EL Öl, 1 große Gemüsezwiebel,
in Scheiben geschnitten,
300–500 g Kürbisfleisch, in feine
Scheiben geschnitten, 3 TL Ketjap
Manis (süße Sojasoße), 2 EL Sojasoße,
1 Knoblauchzehe, gehackt,
1 TL Laos-Pulver, 2 TL Kurkuma,
2 EL geschroteter Koriander,
¼ l Kokosmilch (Seite 44),
150 g frischer Blattspinat,
3 TL Zitronensaft

Das Öl in einer großen Pfanne erhitzen, die Zwiebelscheiben darin weich braten, das Kürbisfleisch dazugeben und mitbraten, bis es leicht gebräunt ist. Sojasoßen, Gewürze und Kokosmilch einrühren, zudecken, 15 Minuten köcheln lassen. Den Blattspinat waschen, abtropfen, in feine Streifen schneiden, zum Kürbis geben und 1–2 Minuten mitkochen. Vom Feuer nehmen und mit Zitronensaft abschmecken. Zu Reis servieren. Das ist das beste Kürbisrezept, welches ich kenne!

Erdnußplätzchen
Java

Foto

*100 g Naturreis, fein
gemahlen,*
¼ l Wasser,
1 Ei,
1 TL Salz,
½ TL Backpulver,
1 Knoblauchzehe, zerdrückt,
2 TL gemahlener Koriander,
3 Curryblätter, zerkrümelt,
100 g ungesalzene Erdnußkerne,
grob zerbrochen,
⅛ l Öl

Alle Zutaten außer Öl zu einem dünnen Teig rühren. Das Öl erhitzen, den Teig eßlöffelweise hineingeben und Plätzchen beidseitig ausbacken. Als Beilage zu Reisgerichten oder zur Reistafel servieren. Erdnußplätzchen schmecken auch gut zu einem Glas Wein.

Wenn Sie Schwierigkeiten haben, Reis zu mahlen, rösten Sie die Körner im Ofen bei niedriger Temperatur, bis sie leicht goldbraun werden. Wenn sie abgekühlt sind, lassen sie sich leichter mahlen. Sonst müssen Sie den Reis im Bioladen mahlen lassen.

Südostasien

Maisplätzchen
Indonesien

Kleine, knusprige Frikadellen, mein Lieblingsrezept aus der indonesischen Küche.

1 kleine Dose (ca. 450 g) Maiskörner mit Flüssigkeit, 2 Eier,
1 Knoblauchzehe, zerdrückt,
1 mittelgroße Zwiebel, sehr fein gehackt (Blitzhacker!), 1 TL Salz,
schwarzer Pfeffer, ½ TL Cuminkörner,
1 TL gemahlener Koriander,
1 Prise Muskatnuß oder Muskatblüte,
150–200 g feingemahlenes Weizenmehl,
Öl zum Ausbacken

Alle Zutaten außer Öl gründlich verrühren. Je nach Flüssigkeitsmenge vom Mais mehr oder weniger Mehl nehmen, um einen sämigen Teig zu bekommen. In dem Öl goldbraune Plätzchen beidseitig ausbacken. Auf Küchenpapier abtropfen lassen, warm oder bei Zimmertemperatur servieren – als Beilage zur Reistafel oder als Hauptgericht mit einem Gemüsesalat und einem Sambal, z.B. Tomaten-Sambal (Seite 57).

Kokosfrikadellen
Java

1 Kokosnuß, 1 Knoblauchzehe,
zerdrückt, 1 TL feingehackte oder geriebene Ingwerwurzel,
2 TL Salz,
1 TL Ketjap Manis
(süße Sojasoße),

1 EL feingemahlener Koriander,
2 Eier, geschlagen,
1 EL Maisstärke,
6 EL Kokosfett

Die Kokosnuß im vorgeheizten Ofen bei 200 °C 15 Minuten backen, abkühlen, mit einem Hammer zerschlagen und das Fleisch herausnehmen, auf einer Gemüsereibe fein raspeln. Die Kokosraspel, Gewürze, Eier und Stärke mischen, eßlöffelweise zu kleinen Plätzchen formen und in dem Kokosfett beidseitig hellbraun ausbacken. Als Beilage zur Reistafel oder als kleinen Imbiß zu einem Glas Bier servieren.

Gemüsesalat
Gado-Gado
Indonesien

Ein knackiger Erdnuß-Traum. Die Salatmenge richtet sich nach der Gästezahl und der Anzahl der Speisen, die Sie geplant haben. Ein einfaches und sättigendes Mahl könnte z.B. nur aus Gago-Gado und Reis bestehen.

Mungobohnensprossen,
grüne Bohnen, blanchiert,
Weißkohl, fein geschnitten,
kleine Kartoffeln, in der Schale gekocht, abgekühlt,
Möhren, in feine Stifte geschnitten,
Gurke, mit der Haut in feine Scheiben geschnitten,
Kopfsalat oder Endiviensalat, geschnitten,
hartgekochte Eier,
in Scheiben geschnitten

Südostasien

Salatsoße
250 g geröstete Erdnußkerne,
fein gemahlen,
oder 250 g Erdnußmus,
3 Knoblauchzehen, zerdrückt,
1 erbsengroßes Stück Trassi
(Fischpaste),
1 TL Sambal Oelek
(Chilipaste),
2 Curryblätter, gemahlen,
2 EL Ketjap Manis
(süße Sojasoße),
¼ l Kokosmilch (Seite 44),
2 TL Zitronensaft

Die Gemüse und Eier auf einem großen, flachen Teller arrangieren. Für
die Soße alle Zutaten vermischen und
10 Minuten bei niedriger Hitze köcheln. Über die Gemüse gießen.

Gewürzter Obstsalat
Java

1 grüne, harte Birne,
1 fester, grüner, säuerlicher Apfel,
1 Gurke, geschält, entkernt,
1 große Orange, in Spalten geteilt,
½ TL Sambal Oelek (Chilipaste),
1 erbsengroßes Stück Trassi
(Fischpaste),
auf Alufolie trocken geröstet,
3 EL Ketjap Manis (süße Sojasoße),
½ TL Salz,
1 EL Apfelessig,
½ frische Ananas, das Fleisch in
Würfel geschnitten

Birne, Apfel und Gurke grob reiben
(Lochreibe), die Orangenspalten je in
4 Stücke schneiden. Sambal Oelek,

Trassi, Sojasoße, Salz und Essig zu einer Soße vermischen. Die Ananas-
würfel mit allen Zutaten mischen und
½ Stunde in der Soße ziehen lassen,
um Geschmack zu entwickeln, nochmals vermischen. Als Beilage zur Reistafel servieren.

Eier mit Minze
Vietnam

4–6 hartgekochte Eier, geschält,
2 EL Fischsoße (Nuoc-Mam)
(Seite 44)),
1 mittelgroße Zwiebel,
1 TL Apfelessig,
1 Tasse frische Minzeblätter
(möglichst verschiedene Sorten),
Salz,
frisch gemahlener schwarzer Pfeffer

Die abgekühlten Eier in Scheiben und
dann in Streifen schneiden, mit Nuoc-
Mam besprenkeln. Die Zwiebel in
feine Halbringe schneiden und mit
dem Essig mischen. Die Minzeblätter
fein hacken. Die Eier auf einen Teller
geben, die Zwiebelringe darüber verteilen, mit den Minzeblättern, Salz
und Pfeffer bestreuen. Als kalte Vorspeise oder Beilage servieren, mit
Nuoc-Cham (Seite 44) reichen.

Eier in roter Paprikasoße

Foto

Java

Ein fantastisches, süß-scharfes Gericht. Schmeckt auch gut mit Tofu oder Fisch statt Eiern.

2 Knoblauchzehen,
1 große Gemüsezwiebel und 1 rote Paprikaschote,
in feine Scheiben geschnitten,
1 TL Sambal Oelek
(Chilipaste),
1 erbsengroßes Stück Trassi
(Fischpaste),

5 EL Öl, ⅛ l Wasser,
2 EL Apfelessig, 1 TL Salz,
½ TL Honig,
2 TL Ketjap Manis
(süße Sojasoße),
1 TL feingehackte Ingwerwurzel,
5 hartgekochte Eier, geschält

Knoblauch, Zwiebel, Paprika, Sambal Oelek und Trassi in dem Öl 10 Minuten braten, bis das Gemüse ganz weich ist. Die restlichen Zutaten und die Eier dazugeben und weitere 10 Minuten braten, bis die Soße eingedickt ist. Die Eier halbieren und in der Soße servieren.

54

Südostasien

Eier in Kokosmilch
Indonesien

1 Knoblauchzehe, fein gehackt,
1 Zwiebel, in sehr feine Scheiben
geschnitten, 2 EL Öl,
4–5 hartgekochte Eier, geschält,
1 TL Sambal Oelek (Chilipaste),
1 TL Weinessig, 1 TL Salz,
1 Curryblatt, zerkrümelt,
1 TL gehackte Laos-Wurzel oder
1 EL Laos-Pulver,
1 erbsengroßes Stück Trassi
(Fischpaste),
1 Tomate, fein gehackt,
¼ l Kokosmilch (Seite 44)

Knoblauch und Zwiebel in das Öl geben und 5 Minuten braten. Die Eier und die restlichen Zutaten dazugeben, 15 Minuten einkochen lassen, dabei die Eier öfters umdrehen. In der Soße ziehen lassen bis zum Servieren. Heiß oder lauwarm reichen.

Orangen-Sambal   Foto
Sumatra

2 EL Kokosraspel, 1 große Orange,
geschält, fein gewürfelt,
3 TL feingehackte Zwiebel, am
besten Schalotten oder rote Zwiebel,
1 Messerspitze Cayennepfeffer

Kokosraspel in einer trockenen Pfanne unter ständigem Rühren goldbraun rösten (nicht dunkelbraun werden lassen!). Mit Orange und Zwiebel vermischen und mit dem Cayennepfeffer vorsichtig würzen. Als Beilage zur Reistafel servieren.

Südostasien

Spinat-Sambal
Malaysia

Foto Seite 46

200 g frischer Blattspinat,
½ kleine Zwiebel,
½ kleine Knoblauchzehe,
50 g Erdnußkerne,
1 erbsengroßes Stück Trassi
(Fischpaste),
Saft von 1 Zitrone,
1 Messerspitze Sambal Oelek
(Chilipaste),
Salz, Pfeffer

Den Spinat gründlich waschen, abtropfen und sehr fein hacken. Die Zwiebel fein hacken, Knoblauch zu Mus drücken. Die Erdnüsse grob hakken und mit Trassi in einer trockenen Pfanne unter ständigem Rühren leicht rösten. Alle vorbereiteten Zutaten mischen und vorsichtig mit Sambal Oelek, Salz und Pfeffer abschmecken.

Weißkohl-Sambal
Indonesien

½ kleiner Weißkohlkopf (ca. 200 g),
½ rote Paprikaschote,
50 g frisches Kokosfleisch,
1 Knoblauchzehe,
1 Prise Kurkuma,
1 EL Öl, 2 EL Apfelessig,
1 TL süße Sojasoße

Kohl und Paprika in sehr feine Streifen schneiden, Kokosfleisch grob hacken, Knoblauch zu Mus drücken. Alle Zutaten mischen, ½ Stunde ziehen lassen. Als Beilage zur Reistafel servieren.

Kokosflocken-Sambal
Java

1 Kokosnuß oder
250 g ungesüßte Kokosraspel,
1 EL Korianderkörner,
grob gemahlen,
½ TL Cuminkörner,
1 Knoblauchzehe, zerdrückt,
1 TL Salz,
1 TL Honig,
2 EL Apfelessig,
2 Curryblätter, fein zerkrümelt

Frische Kokosnuß 15 Minuten bei 200 °C im vorgeheizten Ofen backen, bis die Schale springt. Mit dem Hammer aufschlagen, das Fleisch herausnehmen und auf einer Gemüsereibe fein reiben. Die Raspel mit allen Zutaten mischen und ohne Öl in einer großen Bratpfanne unter ständigem Rühren ca. 20–30 Minuten hellbraun rösten. In Schälchen als Beilage zu allen Reisgerichten reichen.

Hinweis
Diesen Sambal können Sie auch mit gehackten Erdnußkernen zubereiten.

Zwiebel-Sambal
Indonesien

250 g kleine gelbe Zwiebeln,
1 TL Salz,
8 EL Kokosfett

Die Zwiebeln in feine Scheiben schneiden, mit dem Salz vermengen und 5 Minuten stehen lassen. In einem Küchentuch sanft auswringen.

Südostasien

Das Fett in einer breiten Bratpfanne erhitzen und die Zwiebelscheiben 5–7 Minuten bei mittlerer Hitze unter ständigem Rühren leicht bräunen. Sofort mit einem Schöpflöffel herausnehmen und auf Küchenkrepp 15 Minuten abtropfen lassen. Die Scheiben werden knusprig und dunkeln nach. Reisgerichte damit bestreuen.
Wenn sie kalt sind, luftdicht verschlossen bei Zimmertemperatur aufbewahren oder einfrieren, bei Bedarf kurz erwärmen.

Petersilien-Sambal
Indonesien

2 Bund Petersilie, am besten flachblättrige,
1 Bund Korianderkraut,
1 kleine weiße Zwiebel,
1 Knoblauchzehe,
Saft von 1 Zitrone, 3 EL Öl,
1 grüne Chilischote oder
½ TL Sambal Oelek (Chilipaste)

Petersilie, Koriander, Zwiebel und Knoblauch sehr fein hacken, mit Zitronensaft und Öl mischen und mit feingehackter Chilischote oder Sambal Oelek scharf abschmecken. Als Beilage zur Reistafel servieren.

Tomaten-Sambal   Foto Seite 46
Indonesien

2 große, reife Fleischtomaten,
1 Zwiebel, fein gehackt,
1 TL Laos-Wurzel (Pulver),
2 Curryblätter, zu Pulver gerieben,
1 TL sehr fein gehackte Ingwerwurzel,
1 Knoblauchzehe, fein gehackt,
Salz,
Pfeffer,
Sambal Oelek (Chilipaste)

Die Tomaten kurz überbrühen, häuten, grob hacken und mit allen anderen Zutaten mischen. Als Beilage zur Reistafel servieren.

Süß-saurer Tomaten-Sambal
Java

500 g frische Tomaten,
1 Knoblauchzehe,
1 EL Sambal Oelek (Chilipaste),
1 EL Apfelessig,
1 TL Honig,
1 TL Salz,
1 TL Koriander, fein gemahlen

Die Tomaten kurz überbrühen, häuten, hacken und ½ Stunde in einem Sieb abtropfen lassen. Mit allen anderen Zutaten mischen. Wie Ketchup zu Reis oder Frikadellen servieren.

Südostasien

Tofu in Erdnußsoße
Indonesien

½ Tasse Sojasoße,
½ Tasse Ketjap Manis (süße
Sojasoße), 300 g Tofu, in 2 cm
dicke Scheiben geschnitten,
3 EL Pfeilwurzelmehl oder Mais- bzw.
Kartoffelstärke, Öl zum Braten,
1 große Gemüsezwiebel, in Scheiben
geschnitten,
1 Knoblauchzehe, fein gehackt,
4 cm Ingwerwurzel, fein gehackt,
100 g Erdnußkerne, fein gehackt oder
gerieben, 1 in Essig eingelegte
scharfe Peperoni, fein gehackt,
300 g frische Mungobohnensprossen

Die beiden Sorten Sojasoße vermischen und die Tofuscheiben darin
kurz marinieren, anschließend in
Pfeilwurzelmehl wenden. Öl in einer
großen Bratpfanne erhitzen, die Tofuscheiben darin beidseitig goldbraun
braten, herausheben und beiseite
stellen. Die Zwiebelscheiben in das
Öl geben und weichbraten. Knoblauch, Ingwer, Erdnüsse und Peperoni
dazugeben, unter häufigem Wenden
leicht bräunen. Die gemischten Sojasoßen und die Tofuscheiben wieder
in die Pfanne geben, die Bohnensprossen darauflegen. Sofort servieren, erst bei Tisch vermengen, damit
die Bohnensprossen knackig bleiben.

Süß-saurer Salat
Timor

1 Gurke, ungeschält in Scheiben
geschnitten,
1 Tomate, in Scheiben geschnitten,
½ Gemüsezwiebel, in feine Ringe
geschnitten,
1 Handvoll Mungobohnensprossen,
4 EL Apfelessig,
1 TL Salz,
1 TL Ketjap Manis (süße Sojasoße),
3 EL Sesamsamen

Alle Zutaten außer den Sesamsamen
vermischen und einige Stunden zum
Durchziehen in den Kühlschrank stellen. Sesam in einer Bratpfanne ohne
Fett rösten, bis sie »springen«. Kurz
vor dem Servieren über den Salat
streuen.

Die indische Vollwertküche

Da streiten sich die Gelehrten, die Feinschmecker, die Gourmets und Gourmands: Welche Küche ist die größte? China? Indien? Frankreich? Eine davon soll es sein.

Nun, meine Wahl wäre ohne Frage Indien. Ich habe eine Vorliebe für Würziges, Pikantes, Scharfes, Buntes – Gewürze und Gerüche, die den Magen anregen und die Nase betören. Die indische Küche bietet mehr an Duft und Würze als alle anderen. Hier gibt es ein Angebot an Kräutern, Körner, Pulvern und Gewürzmischungen, das fast unübersichtlich ist. Dabei sind Kräuter, die sogar in Indien nur in einem Landstrich oder Stamm bekannt sind. Nordindien und Südindien haben, so sagen die Inder, zum Teil eine so unterschiedliche Küche wie Finnland und Spanien, obwohl ihnen die Begeisterung für Gewürze (allerdings nicht immer scharfe) gemeinsam ist.

Reis und Weizen sind die Grundnahrungsmittel in ganz Indien, immer begleitet von Pürees aus Dutzenden verschiedener Hülsenfrüchte, die sogenannten »Dal«. Weil große Teile Indiens hinduistisch sind, ist die vegetarische Küche sehr weit verbreitet. Und weil das Land unendlich fruchtbar ist, gibt es ein riesiges Angebot an Gemüse – genau das richtige für eine Vollwertköchin. Allerdings ist Rohkost in Indien wenig anzutreffen und für Touristen sicherlich nicht zu empfehlen. Hier in Europa können wir getrost Rohkost dazu servieren, stilecht in Form frischer Chutneys und Raitas.

Indien

SPEZIELLE ZUTATEN

In den folgenden Rezepten kommen einige Gewürze und Zutaten vor, die sicherlich nicht alle notwendig sind, um gut indisch kochen zu können, und sie sind auch nicht alle so fremd und schwer zu bekommen, wie man zuerst annehmen könnte. In vielen unserer Großstädte gibt es heutzutage ausländische Läden, in denen sie zu finden sind.

Besam
Siehe Kichererbsenmehl.

Bockshornklee oder Foenugreek
Kleine, gelbe Körner mit einem intensiven Geruch, in kleinen Mengen zu verwenden. In gutsortierten Kräutergeschäften oder Reformhäusern zu bekommen.

Chilischote
Rote oder grüne, scharfe Paprikaschoten, frisch oder getrocknet zu verwenden.

Cuminkörner
Schwarz und hell. Die *hellen* Cuminkörner sind überall in Balkanläden und Kräutergeschäften zu bekommen, da sie eine unentbehrliche Zutat in der türkischen Küche sind. Die *schwarzen* Cuminkörner, *Kala zeera* genannt, sind schwieriger zu finden, fast nur in indischen Geschäften, sie können durch helle ersetzt werden.

Curryblätter
Seite 44.

Currypulver
Eine Gewürzmischung, die nach Landstrich und Familiengewohnheit endlos variiert wird. Das in europäischen Geschäften angebotene Currypulver ist meist recht eintönig im Geschmack. In Asienläden können Sie viele verschiedene Currymischungen finden, die Sie ausprobieren können.

Dal
Hülsenfrüchtepüree. Hergestellt aus Masoor-Linsen (die hellorangenen »türkischen« Linsen), braunen Linsen oder aus den unzähligen anderen Linsen, Bohnen und Erbsen, die man in den indischen Läden findet. Viele Bioläden führen sie auch.

Foenugreek
Siehe Bockshornklee.

Ghee
Geklärte Butter. Frische Butter wird zum Kochen gebracht, der Schaum abgeschöpft und die klare, flüssige Butter abgegossen. Milchreste in der Butter bleiben als weißer Bodensatz im Kochtopf zurück. Butaris oder ein anderes herkömmliches Butterschmalz kann als Ersatz verwendet werden.

Garam Masala
Gewürzmischungen, die man fertig kaufen kann oder frisch gemahlen selbst zusammenmischt:
Bombay
20 g Kardamomkörner, 20 g Zimt, 7 g Nelken, 7 g Kala zeera (schwarze Cuminkörner), 1 Prise Muskatblüte, 1 Prise Muskatnuß

Indien

Kashmiri
7 g Kala zeera, 25 g schwarze Kardamomkörner, 7 g schwarzer Pfeffer, 7 g Zimt, 7 g Nelken, ½ Muskatnuß

Madras
50 g Urhad-Dal (schwarze Linsen), 60 g Koriander, 60 g helle Cuminkörner, 30 g schwarzer Pfeffer, ½ TL Bockshornklee

Sambhar
10 g Curryblätter,
10 g Senfkörner,
10 g Bockshornklee,
10 g helle Cuminkörner,
60 g Koriander, 60 g rote Chilischoten, 10 g schwarzer Pfeffer, 10 g schwarze Senfkörner, 6 Nelken,
5 g Muskatnuß, 2 g Muskatblüte
5 g Kümmel, 10 g Kurkuma
Fertiges Sambhar-Pulver kann man in Asienläden kaufen.

Gelbwurz
Siehe Kurkuma.

Kala zeera
Siehe Cuminkörner.

Kalonji
Auch »schwarzer Kümmel« oder Nigella genannt. Kalonji ist eigentlich gar kein Kümmel, sondern die Saat einer besonderen Zwiebelart. In manchen Bioläden und Kräutergeschäften zu bekommen.

Kardamom
Kleine Samenschoten, die mehrere kleine, schwarze Körner enthalten.

Manchmal kocht man die ganze Kapsel (z. B. mit Reis), manchmal schält man nur die Körner heraus und verwendet sie ganz oder gemahlen. *Schwarzer Kardamom* ist eine etwas größere, dunkelbraune Schote mit einem sehr starken, fast terpentinähnlichen Geschmack; wird nur in sehr kleinen Mengen verwendet.

Kichererbsenmehl oder Besam
Geröstete Kichererbsen werden zu einem feinen Mehl gemahlen; dies spielt eine große Rolle in der indischen Küche. Es kann ersetzt werden durch Sojamehl, Pfeilwurzel- oder Weizenvollkornmehl.

Korianderkraut
Aus den gewöhnlichen Korianderkörnern läßt sich ein frisches Kraut züchten, das wunderbar schmeckt. Auch *Cilantro* oder *Chinesische Petersilie* genannt. Ersatz, gegebenenfalls flachblättrige Petersilie.

Kurkuma oder Gelbwurz
Dies ist das Gewürz, das Curry die gelbe Farbe verleiht. Leicht bitter im Geschmack. Kurkuma wird sehr viel in Gemüsegerichten verwendet und ersetzt Safran in Reisgerichten. Es wird deshalb oft fälschlich Safran genannt.

Safran
Die Pollenstäbchen einer persischen Lilie. Safran ist eigentlich eines der kostbarsten aller Gewürze. Die *Stäbchen* werden entweder kurz geröstet und zerbröselt, oder sie werden in Milch gekocht, um ihre orangene

Indien

Farbe zu lösen. *Pulverisierter* Safran ist noch teurer, aber sehr sparsam im Gebrauch: eine Messerspitze davon reicht, um einem ganzen Topf Reis einen köstlichen Geruch und eine wunderbare Farbe zu geben.

Senfkörner
Gelbe und schwarze Senfkörner werden als »heißes« Gewürz sehr häufig in der indischen Küche verwendet. Die schwarzen Körner sollen noch »feiner« sein als die gelben.

MAHLZEITEN

Das Essen in Indien steht immer auf dem Fundament »Reis, Chapatti, Dal und Chutney«, egal, wie viele andere Gerichte dazukommen. Alle Speisen des Mahls kommen gleichzeitig auf den Tisch, Familie und Gäste nehmen aus den Schüsseln, was sie möchten. Besteck wird nicht verwendet – mit Ausnahme von einigen Servierlöffeln (als Europäerin und Gast habe ich mal Besteck angeboten bekommen, aber oft war es nur ein Löffel, eine Gabel oder ein Messer, irgendwo von Nachbarn geliehen). Chapattis und die Fingerspitzen sind das angezeigte Besteck; allerdings wird nur die rechte Hand eingesetzt, die Speisen sollten beim Essen nicht direkt mit den ganzen Fingern in Berührung kommen. Eine bestimmte Reihenfolge der Speisen ist nicht bekannt; als Regel ist zu empfehlen: immer auf die Farbe achten! Gelber Reis mit grünem Gemüse sieht viel schöner aus als ein »Weiß-in-Weiß«-Essen, bestehend aus einfachem Reis, weißem Blumenkohl-Curry und einem blassen Masoor-Dal. Und vergessen Sie nicht, jede Speise so schön zu verzieren, wie die Inder es tun!

Reis

Die Inder essen heute nur noch weißen Reis. Wohlwollende Europäer, die einen indischen Gast mit braunem Reis beköstigen wollen, würden ihn beleidigen – nur das Vieh bekommt solchen »dreckigen Fraß«. Braunes Mehl dagegen für die indischen Brote ist normal – jedoch ist nur Weizenmehl bekannt. Trotzdem gebrauche ich braunen Reis in meiner »indischen« Küche. Und wenn ich indische Gäste habe, serviere ich eben Kartoffeln!!

Einfacher Reis

500 g allerfeinster Patna-Naturreis, 1 EL Butter, ¾ l Wasser, 1 TL Salz

Den Reis gut waschen und ½ Stunde in Wasser einweichen, abtropfen. In einem schweren Topf mit fest schließendem Deckel die Butter schmelzen. Den Reis 3 Minuten unter ständigem Rühren in der Butter anbraten. Das Wasser mit dem Salz aufgießen und zum Kochen bringen. Auf niedrigste Hitze schalten, den Deckel auflegen und den Reis 30 Minuten quel-

Indien

len lassen. Erst nach 30 Minuten den Deckel abnehmen, den Reis umrühren, probieren. Eventuell 1–2 TL Wasser zugeben, wenn der Reis noch zu fest ist. Den Deckel wieder auflegen und den Reis ausquellen lassen, bis alle anderen Speisen gar sind.

Safranreis

2 l Wasser, 500 g Reis,
1–2 Messerspitzen Safran
(je nachdem, wie reich
Sie sich fühlen),
2 EL Milch, 1 TL Salz,
4 EL Butter, 2 EL Mehl,
1 EL Wasser

In einem großen Topf das Wasser zum Kochen bringen. Den Reis waschen. Den Safran sehr vorsichtig in einem Töpfchen oder auf Alufolie leicht rösten und anschließend in die Milch bröseln. Die Milch erwärmen (auf diese Weise löst sich die Safranfarbe). Den Reis in das kochende Wasser geben, Salz zufügen und genau 5 Minuten kochen. In eine Kasserole mit Deckel gießen, mit der Safranmilch übergießen und leicht vermischen. Die Butter in Flöckchen auf der Oberfläche verteilen. Mehl und Wasser zu einer Paste vermischen, den Rand der Kasserole damit bestreichen und den Deckel damit zukleben. 50 Minuten im Ofen bei 180 °C backen.

Reis mit Dal
Khich hari oder Kedgeree

100 g Linsen oder gelbe Schälerbsen,
1 TL Korianderkörner, geschrotet,
2½ TL Salz,
125 g Reis,
1 Zwiebel, fein gehackt,
1 Knoblauchzehe, gehackt,
3 Nelken,
4 Kardamomschoten, ganz,
1 Stange Zimt,
4 EL Ghee oder Öl,
250 g gemischtes Gemüse, grob
gehackt,
3 Tomaten, geviertelt,
3 cm Ingwerwurzel, fein gehackt,
½–1 grüne Chilischote,
fein gehackt,
8 Pfefferkörner, gebrochen,
2 Lorbeerblätter, gebrochen,
100 g Tofu, gewürfelt,
100 g Blattspinat

Linsen (oder Erbsen) 1 Stunde in ½ l Wasser einweichen, mit Koriander und 1 TL Salz weich kochen (Schnellkochtopf!), auf einem Sieb abtropfen und dabei das Wasser auffangen. Den Reis mit der Zwiebel, Knoblauch, Nelken, Kardamom und Zimt in 2 EL Ghee 5 Minuten braten. Mit ½ l Flüssigkeit (inklusiv Linsen-Kochwasser) und 1 TL Salz aufkochen, zudecken und 30 Minuten quellen lassen. Inzwischen die Gemüse mit den Gewürzen zusammen schmoren, den Tofu goldgelb braten und den Spinat putzen. Die Linsen mit dem Spinat 2–3 Minuten braten. Anschließend alle anderen Zutaten dazugeben und gut vermischen.

Indien

Brote

Die indischen Brote werden immer aus feinem Weizenvollkornmehl hergestellt. Am besten dafür geeignet ist Hartweizen. Sie bekommen ihn auf Bestellung im Bioladen.

Fladenbrot
Chapatti

500 g feines Weizenvollkornmehl, 2 TL Salz, 1 TL Kardamomkörner, gemahlen, 1 Messerspitze Cayennepfeffer, ca. 300 ml Wasser

Das Mehl mit den Gewürzen vermischen, das Wasser nach und nach zufügen und kneten, bis ein geschmeidiger Teig entsteht. Mit einem nassen Tuch zudecken, 20 Minuten quellen lassen. Nochmals mit nassen Händen kneten, in 12 gleiche Stücke teilen. Diese zu Kugeln formen, auf bemehlter Fläche zu Fladen mit etwa 12–15 cm Durchmesser ausrollen. In einer trockenen Eisenpfanne ausbakken, bis einige kleine braune Pünktchen entstehen. Wenden und die andere Seite genauso backen. Sofort servieren.

Gebratene Brote
Parathas

1 Rezept Chapatti (oben), 500 g Blattspinat (auch tiefgefroren), 2 Zwiebeln, fein gehackt, 1 TL Cuminkörner, gemahlen, Ghee

Den Chapattiteig mit Spinat, Zwiebeln und Cumin verkneten (Salzmenge etwas erhöhen), 1–2 Stunden ruhen lassen. Den Teig in 12–14 Stücke teilen und zu Kugeln formen. Die Kugeln flach ausrollen (wie Chapatti) und mit Ghee leicht einpinseln. Einmal zusammenfalten und die Oberfläche dieser Halbkreise nochmals mit Ghee einpinseln. Nochmal zusammenklappen und die Oberfläche der entstehenden Dreiecke erneut mit Ghee einpinseln. Vorsichtig mit dem Nudelholz ausrollen, bis sie fast so dünn sind wie die anfänglichen Fladen. Eine Eisenpfanne mit Ghee leicht bepinseln. Die ausgerollten Dreiecke hineinlegen, wie Chapatti kurz backen, bis kleine, braune Flekken auf der Unterseite sichtbar sind. Die Oberfläche mit Ghee einpinseln, die Fladen wenden und die andere Seite genauso backen. Auf Küchenkrepp abtropfen, warm halten, bis alle Parathas fertig sind.

Fritierte Fladenbrote
Puri

Ich fritiere fast nie, weil mir meistens nach fritierten Speisen übel wird. Bei Puris mache ich eine Ausnahme!

250 g Weizenvollkornmehl, sehr fein gemahlen, 50 g Weizengrieß, 200 g Kichererbsenmehl, 2 TL Salz, 3 EL Ghee, ¼–½ l Wasser, Erdnußöl

Alle trockenen Zutaten in einer Schüssel mischen, Ghee darübergießen. Mit den Fingern gründlich vermengen und nach und nach bei ständigem Kneten so viel Wasser dazugießen, daß ein fester, geschmeidiger Teig entsteht. 1 Stunde ruhen lassen. Erdnußöl in einem tiefen Topf erhitzen. Aus dem Teig kirschgroße Kugeln formen, diese zu etwa 5 cm großen Fladen ausrollen und in das heiße Fett geben. Die Puris sollen in etwa 30 Sekunden aufquellen und dann noch 1 Minute auf der Oberfläche schwimmen. Mit einem Löffel sofort herausheben und auf Küchenpapier abtropfen lassen. Warm halten, bis alle Fladen ausgebacken sind.

Dal

Dieses indische Gericht wird aus der großen Vielfalt von Hülsenfrüchten gekocht. In indischen Läden gibt es bis zu 20 Sorten von Erbsen, Bohnen und Linsen zu kaufen – hier tut sich eine neue kulinarische Welt auf!

Masoor-Dal mit Gemüse

400 g Masoor-Linsen (kleine, orangene »Türken«-Linsen), 1½ l Wasser, 2 TL Kräutersalz, ½ TL Kurkuma, 3 EL feingehackte Petersilie oder chinesische Petersilie, 2 kleine Zucchinis, in Scheiben geschnitten, oder 250 g kleine Champignons, ganz, oder 1 Aubergine, in 3–4 cm große Würfel geschnitten, oder

ca. 250 g Möhren, in 3 cm große Stücke geschnitten, oder 8–10 kleine, ganze Zwiebeln, 1 EL Tamarind-Extrakt, ½ TL Honig, 3 EL Ghee, 5 mittelgroße Zwiebeln, in Scheiben geschnitten, 10 schwarze Pfefferkörner, gebrochen, ½ TL helle Cuminkörner, gemahlen, ½ TL schwarze oder gelbe Senfkörner, 10 Bockshornkleesamen, ½ TL Kalonji (schwarzer Kümmel)

Die Linsen in einem Sieb gut spülen und in dem Wasser mit Salz und Kurkuma in 20 Minuten zu Püree kochen. Petersilie und Gemüse dazugeben und weitere 10–15 Minuten kochen. Mit Tamarind-Extrakt (oder Zitronensaft) und Honig abschmecken. In einer Bratpfanne Ghee schmelzen und die Zwiebelscheiben darin goldbraun braten. Die Gewürze zugeben und weiterbraten, bis die Senfkörner »springen«. Dal in eine Servierschüssel geben und die Zwiebelmischung als Garnierung darübergeben.

Linsen-Dal

400 g gewöhnliche braune Linsen, 1½ l Wasser, 1 Stange Zimt, 1 Lorbeerblatt, 3 Knoblauchzehen, 2 Scheiben frische Ingwerwurzel, 1 TL Kurkuma, 1 unbehandelte Zitrone, in Scheiben geschnitten, 1 TL Salz, ¼ TL gemahlener schwarzer Pfeffer, 1 Prise Cayenne oder 1 Chilischote, fein gehackt, ½ TL schwarze oder helle Cuminkörner, 3 EL Ghee oder Öl

Die Linsen waschen und abtropfen. In dem Wasser mit Zimt, Lorbeer, Knoblauch, Ingwer und Kurkuma aufkochen, zudecken und in 30–45 Minuten weich kochen (oder Schnellkochtopf!). Die Zitronenscheiben von den Kernen befreien und auf die Linsen legen. Salz, Pfeffer und Cayenne darüberstreuen, alles vermischen und 5 Minuten weiterkochen. Cumin in Ghee oder Öl braten, bis die Körner dunkel werden. Über das Dal gießen, servieren.

Kichererbsen-Dal mit Knoblauch
Foto

Chola Dal

5 Knoblauchzehen,
5 × 3 cm frische Ingwerwurzel,
4 EL Wasser,
4 EL Öl,
½ TL Kurkuma,
6 EL Tomatensoße oder
3 EL Tomatenmark, 1 Dose (ca. 500 g)
Kichererbsen
oder 200 g getrocknete
Kichererbsen,
über Nacht eingeweicht und
1 Stunde gekocht,
4 Kartoffeln, gekocht,
gepellt, in Würfel oder Viertel
geschnitten,
Salz,
Pfeffer,
Cayennepfeffer,
2 EL Zitronensaft

Knoblauch und Ingwer im Mixer mit dem Wasser pürieren. Das Öl in einem Topf erhitzen, das Püree kurz darin braten. Die restlichen Zutaten dazumischen, aufkochen und zugedeckt 15 Minuten ziehen lassen. Mit Fladenbrot und Joghurt servieren.

Indien

Foogath

Foogaths sind im Fett gebratene Speisen ohne Soße. Sie sollten daher begleitet werden von Gerichten, die mehr Flüssigkeit haben, z.B. Currys.

Auberginen-Foogath

750 g Auberginen, in 3–4 cm große Würfel geschnitten, 30 Minuten in kaltem Wasser eingeweicht, in einem Küchentuch ausgewrungen,
½ TL Kurkuma,
1 TL Salz, 4 EL Ghee,
3 Zwiebeln, fein gehackt,
1 Knoblauchzehe, fein gehackt,
1 schwarze Kardamomschote, nur die Körner, gemahlen, 4 Nelken, ganz,
1 TL Senfkörner,
je ¼ TL schwarze und helle Cuminkörner,
¼ l pürierte Tomaten,
1 TL Garam Masala, je 1 Prise Chili, Cayennepfeffer und Zimt,
1 TL Melasse oder Honig

Die trockenen Auberginenwürfel mit Kurkuma und Salz würzen, in Ghee kurz bräunen. Zwiebeln, Knoblauch und die weiteren Gewürze dazugeben, 5 Minuten mitbraten und dabei öfters umrühren. Das Tomatenpüree und die restlichen Gewürze zugeben und einkochen lassen, bis ein trockenes Gericht entsteht.

Spinat-Foogath

2 mittelgroße Zwiebeln, in Scheiben geschnitten,
½ Knoblauchzehe, gehackt,
3 cm Ingwerwurzel, zerquetscht,
1 EL Kokosflocken, 3 EL Ghee,
500 g Spinat, gewaschen, gehackt,
1 gehäufter TL Garam Masala,
¹⁄₁₆ l Kokosmilch (Seite 44), Salz

Zwiebeln, Knoblauch, Ingwer und Kokosflocken in Ghee braten, bis die Flocken bräunen. Spinat und Garam Masala dazugeben, kurz braten. Die Kokosmilch dazugießen und braten, bis alle Flüssigkeit verdampft ist. Salz nach Geschmack zufügen.

Kohl-Foogath

4 EL Ghee, 2 Zwiebeln, fein gehackt,
2 Knoblauchzehen, fein gehackt,
3 cm Ingwerwurzel, fein gehackt,
1 TL Paprikapulver oder
¼ TL Chilipulver,
2 TL schwarze Senfkörner,
1 kleiner Weißkohl, fein gehobelt,
1 TL Salz, 200 g Kokosraspel,
ungesüßt, 1 Prise Kalonji
(schwarzer Kümmel), ungemahlen

Ghee in einer großen Bratpfanne schmelzen. Zwiebeln, Knoblauch, Ingwer, Paprika- oder Chilipulver und die Senfkörner, in dem Fett leicht braten, bis die Senfkörner »springen«. Kohl, Salz und die Kokosraspel dazugeben, unter Rühren braten, bis der Kohl einwelkt. Mit Kalonji bestreuen, servieren.

Indien

Dam

Dams sind gedämpfte Gerichte, meistens mild gewürzt und mit wenig Soße.

Gedämpfte Gemüse
Sabzi Dam

*1 TL Kurkuma, 2 TL frische
Minzeblätter, sehr fein gehackt
(oder 1 TL getrocknete Pfefferminze),
1½ cm Ingwerwurzel, fein gehackt,
2 Knoblauchzehen, durch eine
Knoblauchpresse gedrückt,
1 TL Tamarind-Extrakt, in
2 EL Wasser geschmolzen,
oder Saft von 1 Zitrone,
2 Becher (je 150 g) einfacher Joghurt,
1 kg gemischte Gemüse (entweder
weiche wie Zucchini, Blumenkohl,
Pilze, Erbsen; oder feste wie
Möhren, Kohlrabi, grüne Bohnen,
Winterkohl – damit die Kochzeiten
gleich sind), in nicht sehr große
Würfel oder Scheiben
geschnitten,
1 EL Ghee,
2 Zwiebeln, fein gehackt,
¼ l Kokosmilch (Seite 44)*

Die ersten 5 Zutaten mit Joghurt im Mixer vermischen. Die Gemüsestückchen damit vermengen und 15 Minuten ziehen lassen. Ghee erhitzen und die Zwiebeln darin glasig braten. Kokosmilch und die Gemüsemischung dazugeben, verrühren, zudecken und köcheln, bis die Gemüse gar sind. Sofort servieren.

Gedämpfte grüne Bohnen mit Fenchel
Phali Dam

Ein »kühlendes« Gericht, leicht und erfrischend.

*⅛ l Wasser, 1 TL Ghee,
250 g grüne Bohnen, in
Stücke geschnitten,
1 Zwiebel, in Scheiben
geschnitten, 1½ cm Ingwerwurzel,
fein gehackt, ½ TL Salz,
½ TL Fenchelkörner,
leicht zerdrückt (mit einem
Nudelholz oder einfach mit einem
Topfboden zerquetscht!)*

Wasser mit Ghee zum Kochen bringen. Bohnen, Zwiebel, Ingwer, Salz und Fenchel dazugeben und 5 Minuten zugedeckt dämpfen. Aufdecken, verbliebenes Wasser, wenn nötig, mit erhöhter Temperatur »wegkochen«. Heiß oder warm servieren.

Kartoffel-Dam mit Gewürzen

*1 kg kleine Kartoffeln, gut
gewaschen, ungeschält,
2 Becher (je 150 g)
einfacher Joghurt,
1 TL Kurkuma,
1 TL Garam Masala,
1 TL Salz, 3 Lorbeerblätter,
½ TL Paprikapulver
oder Cayennepfeffer,
½ TL brauner Zucker, 3 EL Ghee,
2 TL Korianderblätter (wenn
erhältlich)*

Indien

Die Kartoffeln in wenig Wasser halbgar kochen, bis das Wasser verdampft ist. Inzwischen Joghurt, Kurkuma, Garam Masala und Salz vermischen. Lorbeerblätter und Paprika mit dem Zucker in Ghee kurz zusammen braten, bis alles bräunt, mit der Joghurt-Mischung und den Korianderblättern verrühren. Die Kartoffeln rundum mit einer Gabel einstechen (aber nicht kaputt matschen!). Die durchstochenen Kartoffeln mit der Joghurtpaste vermischen, in eine ofenfeste Schüssel mit Deckel geben und im Ofen 15–25 Minuten bei 180 °C backen.

Currys

Currys sind in Flüssigkeit geschmorte, oft sehr scharf gewürzte Gerichte. Die Flüssigkeit besteht aus Kokosmilch, Tomaten, Sahne oder Brühe.

Sommerkürbis mit Sambhar und Kokosmilch
»Fliegende Untertassen«-Curry

2 EL Ghee, 3 mittelgroße Zwiebeln (ca. 250 g), in Scheiben geschnitten,
1 Knoblauchzehe, zerquetscht,
500 g Sommerkürbis oder Zucchini,
in dicke Scheiben geschnitten,
2 EL (gestrichen) Sambharpulver,
¼ l Kokosmilch (Seite 44),
1 TL Tamarind-Extrakt, in
3 EL Wasser aufgelöst, ½ TL Salz

Ghee in einer Pfanne erhitzen, Zwiebeln und Knoblauch darin anschmoren. Kürbis dazugeben und weiterbraten, bis er leicht gebräunt ist. Das Sambharpulver hineinstreuen und gut durchmischen, leicht braten. Kokosmilch, Tamarind-Extrakt und Salz vermischen und dazugießen, gut umrühren und 10 Minuten köcheln lassen.

Bananen-Curry

4 Knoblauchzehen, 1 TL Salz,
½ TL Chilipulver,
½ TL Kardamomkörner, geschrotet,
½ TL Kurkuma, 3 EL Ghee,
2 Zwiebeln, gehackt, 6 Bananen,
halbiert und dann in der Mitte,
zu Vierteln geteilt,
1 Becher (150 g) Joghurt,
2 EL Zitronensaft, 2 TL Garam Masala

Knoblauch, Salz, Chilipulver, Kardamom und Kurkuma zusammen pürieren. Ghee erhitzen und die Zwiebeln darin goldgelb braten. Die Gewürzpaste dazugeben und 1–2 Minuten mitbraten. Die Bananen in die Pfanne geben und in der Würzmischung wenden, so daß sie ganz davon bedeckt sind. Etwas Wasser dazugeben, wenn nötig, um die Bananen schmoren zu können. Wenn die Bananen weich sind, Joghurt, Zitronensaft und Garam Masala vermischen und erwärmen. Zu den Bananen servieren.

Indien

Erbsen-Curry mit Tomaten

Foto

2 EL Ghee, 1 große Zwiebel,
gehackt,
2,5 cm Ingwerwurzel, gehackt
1 TL Kurkuma,
½ TL Cuminkörner, gemahlen,
1 TL Koriander, geschrotet,
½ TL Chili- oder Paprikapulver,
200 g Erbsen, frisch oder gefroren,
250 g Tomaten, gehäutet und
gehackt,

1 EL Garam Masala,
1 EL Zitronensaft,
Salz und schwarzer Pfeffer nach
Geschmack

Ghee erhitzen und die Zwiebel mit
dem Ingwer darin anbraten. Die Gewürze dazugeben und kurz schmoren. Erbsen und Tomaten hineinrühren, zudecken und kochen, bis die
Erbsen gar sind. Mit Garam Masala,
Zitronensaft, Salz und Pfeffer abschmecken.

Indien

Weißes Curry mit Blumenkohl

*1 Prise Safran, 1 Prise Fenchel,
1 Curryblatt oder Lorbeerblatt,
1 kleine getrocknete Chilischote,
zerbröselt, 1 kleine Zwiebel, fein
gehackt, 500 g Blumenkohl, in
Röschen zerteilt, 3 EL Öl oder
Kokosfett, ½ l Kokosmilch
(Seite 44) oder Kuhmilch,
Salz, Pfeffer*

Gewürze und Gemüse mischen, in
dem Öl 5 Minuten anbraten. Die
Milch dazugießen und so lange
schmoren, bis die Flüssigkeit redu-
ziert und das Gemüse gar ist. Das
dauert ca. 15 Minuten. Mit Salz und
Pfeffer abschmecken.

Bharta

Bhartas sind weiche Pürees, die aus
festen Gemüsen – z. B. Möhren, Rüben, Kartoffeln – hergestellt werden.

Rübenpüree
Rüben-Bharta

*300 g weiße oder gelbe Rüben,
2 EL Ghee, 1 Zwiebel, fein gehackt,
2 cm Ingwerwurzel, fein gehackt,
1 TL Anis, 1 TL Fenchelkörner,
1 TL Bockshornkleesamen,
½ TL schwarzer Pfeffer, 1 TL Salz,
½ TL Cayennepfeffer,
½ TL Garam Masala, 1 TL Zucker*

Die Rüben schrubben, in Würfel
schneiden und in wenig Wasser
weich kochen, passieren oder stampfen. Ghee erhitzen, Zwiebel und Ingwer kurz braten. Die Gewürze dazugeben und mitbraten. Das Rübenpü-
ree mit dieser Mischung verrühren,
abschmecken.

Tikki

Tikkis sind Frikadellen bzw. Bällchen,
die aus Gemüse, Fleisch, Hülsenfrüchten, Kartoffeln u. ä. geformt werden.

Masala-Dal-Tikki

*500 g Masoor-Linsen (kleine,
orangene »Türken«-Linsen),
150 g Zwiebeln, fein gehackt,
2 EL Ghee, 3 cm Ingwerwurzel,
fein gerieben, 1 Chilischote,
fein gehackt, ½ TL Fenchelsamen,
1 EL Garam Masala,
½ TL Cuminkörner, 1 TL Kurkuma,
Salz, schwarzer Pfeffer*

Die Linsen über Nacht einweichen.
Abgießen, durch den Fleischwolf dre-
hen oder im Mixer pürieren. Die
Zwiebeln in Ghee braten, mit allen
Gewürzen zu dem Püree geben und
gut durchmischen. Kleine, flache Fri-
kadellen formen und in Ghee oder
Öl knusprig braten.

Indien

Kartoffelbällchen
Kartoffel-Tikki

*500 g Kartoffeln, gekocht,
geschält und gestampft, ½ TL Salz,
4 Frühlingszwiebeln oder
2 Bund Schnittlauch, fein gehackt,
½ frische Chilischote, sehr fein
gehackt, 75 g Besam oder
Sojamehl, 1 Prise Kurkuma,
1 TL Garam Masala, 2 TL Zitronensaft,
Ghee oder Öl zum Ausbacken*

Alle Zutaten zu den gestampften Kartoffeln geben und gründlich durchkneten. Aus dem Teig 30–35 Bällchen formen und diese in Ghee oder Öl goldbraun ausbacken.

Gemüsekoteletts
Sabzi Tikki

*100 g Erbsen, 100 g grüne Bohnen,
50 g Zwiebeln, 100 g Blumenkohl,
100 g Kartoffeln, 3–4 Zweiglein
Petersilie, 1 EL Garam Masala oder
Sambhar, 1 Prise Cayennepfeffer,
2 cm Ingwerwurzel, fein gerieben,
2 EL Ghee, 30 g Besam (Kicher-
erbsen- oder Linsenmehl),
¼ l Wasser, Mehl zum Panieren*

Die Gemüse zusammen mit den Kartoffeln weich kochen, die Gewürze dazugeben und alles pürieren. Ghee schmelzen, Besam hineinstreuen und aufschwitzen, mit Wasser ablöschen und zu einer dicken Soße einkochen. Mit dem Gemüse vermischen. 12 Koteletts formen, mit Mehl panieren und in Ghee oder Öl braun braten.

Frische Chutneys und Raitas

In der indischen Küche fehlen fast vollständig Salate und Rohkost. Aus hygienischen Gründen – in Indien sehr vernünftig – müssen rohes Gemüse und Obst sorgfältig gewaschen und, wenn möglich, in Kaliumpermanganat eingeweicht werden, wenn man katastrophale Darmentzündungen vermeiden will. In unserem kalten Klima und durch Befolgen unserer hygienischen Maßstäbe ist Rohkost kein Problem (die Vollwertküche strebt größtmögliche Frische an). Hier bietet die indische Küche die traditionellen Chutneys (pikante Beilagen) und Raitas (in Joghurt gerührtes Gemüse und Obst) als Salatersatz an: Wir können diese wunderbaren Beilagen umgestalten und ergänzen, damit sie die Rolle unserer hiesigen Salate übernehmen.

Frisches Apfel-Chutney
Foto Seite 74

*200 g säuerliche Äpfel, entkernt,
fein gehackt, 1 TL feingehackte
oder zerriebene Ingwerwurzel,
1 Knoblauchzehe, durch eine
Knoblauchpresse gedrückt,
100 g Rosinen, 30 Minuten
in 2 EL Apfelessig eingeweicht,
je 1 Prise Cayennepfeffer,
Salz und brauner Zucker*

Alles vermischen, als Beilage servieren.

Indien

Frisches Tomaten-Chutney

Foto Seite 74

500 g Tomaten, fein gehackt,
1 säuerlicher Apfel, fein gewürfelt,
½ Knoblauchzehe, fein gehackt,
1 Zwiebel, fein gehackt, ½ TL Salz,
½ TL Ingwerpulver,
1 TL Garam Masala

Die feingehackten Zutaten mit den Gewürzen vermischen und sofort servieren.

Frisches Rhabarber-Chutney

250 g Rharbarber, geputzt und geschält, ½ TL geriebene Ingwerwurzel,
½ Knoblauchzehe,
1 Prise Chili- oder Paprikapulver,
½ TL Senfkörner, gemahlen,
2 EL Mandeln, fein gehackt,
2 EL Essig,
½ TL brauner Zucker

Alles im Mixer pürieren oder sehr fein hacken. Sofort als Beilage servieren.

Frisches Möhren-Chutney

1 TL Senfkörner,
1 TL Cuminkörner,
5 schwarze Pfefferkörner, zerbrochen,
je 1 Prise Zucker und Ingwerpulver,
3 EL Öl,

2 EL Essig,
250 g Möhren, fein gerieben,
½ TL Salz

Die Gewürze in Öl rösten, bis die Senfkörner »springen«. Mit den restlichen Zutaten vermischen und sofort servieren.

Rotkohl-Raita

3 EL Ghee oder Öl, 2 TL Kümmel,
1 EL Koriander, geschrotet,
500 g Rotkohl, sehr fein gehobelt,
1 Handvoll Rosinen,
¼ TL Cayennepfeffer,
Saft von 1 Zitrone,
2 Becher (je 150 g) Joghurt

Ghee erhitzen, Kümmel und Koriander darin 2 Minuten braten. Den Rotkohl dazugeben, umrühren, zudekken und 5 Minuten schmoren. Aufdecken, Rosinen und Cayennepfeffer hineinrühren, abkühlen lassen. Mit Zitronensaft und Joghurt vermischen, lauwarm servieren.

Blumenkohl-Raita

1 kleiner Blumenkohl, fein geschnitten, 1 Bund Schnittlauch, fein geschnitten,
2 Becher (je 150 g) einfacher Joghurt,
Salz, Pfeffer, Cayennepfeffer,
2 TL Senfkörner, in Öl geröstet, im Mörser gestampft,
2 EL Erdnüsse, in Öl geröstet, gehackt

Alle Zutaten miteinander vermischen.

Indien

Möhren-Raita   Foto

200 g Möhren, grob geraffelt,
50 g Mandeln, geschrotet, in
2 TL Öl geröstet, ½ TL Cuminkörner,
1 Prise Salz, Saft von
½ Zitrone, 1 Becher (150 g)
einfacher Joghurt

Alle Zutaten miteinander vermischen.

Zwiebel-Raita

2 mittelgroße Zwiebeln, fein
gehackt, 4–5 frische Minzeblätter,
fein gehackt,
½ TL Chilipulver, 1 TL Cuminkörner,
Saft von 1 Zitrone,
1 Becher (150 g) einfacher Joghurt

Alle Zutaten miteinander vermischen.

Gurken-Raita   Foto

1 Schlangengurke, geschält, fein
gehackt, 1 TL Dillsamen, leicht
geröstet, geschrotet,
je 1 Prise Salz und Chilipulver,
2 Becher (je 150 g) einfacher Joghurt

Alle Zutaten miteinander vermischen.

Bananen-Raita

3 Banenen, gewürfelt, Saft von
1 Zitrone, Salz, schwarzer Pfeffer,
Cayennepfeffer, 6 Korianderkörner,
zerstoßen, 2 Becher (je 150 g)
einfacher Joghurt

Alle Zutaten miteinander vermischen.

Oben: Apfel- und Tomaten-Chutney, Rezept Seite 72/73
Unten: Möhren- und Gurken-Raita, Rezepte oben

Die orientalische Vollwertküche

Die Küche der orientalischen Länder hat eine so starke Ähnlichkeit miteinander, daß es schwer wäre zu sagen, »dieses Gericht ist nur armenisch, dieses dagegen stammt aus Syrien«. Obwohl Türken und Armenier Erzfeinde sind, genießen sie ähnliche Speisen. Auch die Syrer, Libanesen und Israelis haben – mindestens bei Tisch – dieselben Vorlieben und Spezialitäten. Diese vielfältige und würzige Cuisine ist geprägt von Kräutern und Gewürzen, Olivenöl und Lammfleisch – auch von den Auberginen, Oliven, Tomaten, Weizen, Kichererbsen und anderen Naturprodukten, die in dieser Region so üppig wachsen. Für die Vollwertküche liegt die Betonung auf Vollkorngerichten, Salaten und unverfälschten, ganzen Zutaten – Zutaten, die in diesen Ländern einfach zu finden sind.

Orient

SPEZIELLE ZUTATEN

Bulghur
Bulghur – vorgekochte, gedörrte, gebrochene Hartweizenkörner – ist eines der Grundnahrungsmittel im Orient, besonders beliebt in der Türkei und den arabischen Ländern. Er wird in verschiedenen Feinheitsgraden verkauft, wobei die *gröbere* Grütze für gekochte Speisen, die *feinere* für Salat und Füllungen verwendet wird. Bulghur zum »Rohessen« wird eingeweicht, abgetropft und als Salat angemacht. Gekochter Bulghur wird erst angebraten, mit Wasser aufgefüllt, gekocht und anschließend bei niedriger Hitze gar gedämpft.

Harisa
Eine sehr scharfe, gewürzte Paprikapaste, in kleinen Dosen in türkischen Läden zu bekommen. Nach Öffnen der Dose den Inhalt in ein Schraubglas füllen, im Kühlschrank aufbewahren. Wird in winzigen Mengen zu Speisen gegessen, etwa wie scharfer Senf. Durch Tabasco zu ersetzen.

Sumak
Geriebene Beeren der Sumakpflanze. Als Gewürzmischung in türkischen Läden zu bekommen.

Tahin
Sesammus, in türkischen und Bioläden zu bekommen. *Weißes* Tahin aus geschältem Sesam schmeckt milde, *dunkles* Tahin aus ungeschältem Sesam dagegen herber, aber geschmackvoller.

MAHLZEITEN

Die Mahlzeiten im Orient werden so häufig wie möglich mit Gästen geteilt. Ein alter Spruch sagt: Besser ein Stück Brot mit einem guten Freund teilen als eine Tafel alleine genießen. Das Essen nimmt manchmal den ganzen Abend in Anspruch, und zahlreiche Schüsseln und Schüsselchen werden nacheinander oder nebeneinander leer gegessen. Man ißt gerne mit den Fingern und mit Hilfe des immer vorhandenen Fladenbrots. Wenn es Besteck gibt, dann sind schön geschnitzte und bunt bemalte Holzlöffel am häufigsten zu sehen.

Die Speisen werden, mit Ausnahme von Fleischbraten, eher lauwarm oder kalt als heiß gegessen. Auch Getreide- und Eierspeisen werden meistens bei Zimmertemperatur serviert. Da Wein in mohammedanischen Ländern verboten ist, wird zu den Speisen verdünnter Raki (Anisschnaps) getrunken oder frischer Zitronensaft, mit Wasser verdünnt und gesüßt.

Pita-Brot Foto Seite 78
Gesamter Naher Osten

Die Ernährungsgrundlage im Nahen Osten.

1 Päckchen Trockenhefe oder
½ Würfel frische Hefe,
ca. 200 ml lauwarmes Wasser,
1 TL Honig,
ca. 400 g frisch gemahlenes,
sehr feines Weizenmehl,

Orient

1 Prise Salz,
Öl,
Sesamsamen oder
Kalonji (schwarzer Kümmel)

Hefe, Wasser und Honig in einer 2-Liter-Schüssel verrühren, 15 Minuten gehen lassen, die Mischung soll leicht schäumen. Nach und nach das Mehl dazurühren (mit der Hand oder Küchenmaschine), das Salz zugeben und noch 10 Minuten kneten, bis der Teig glatt und hautähnlich (weder trocken noch klebrig) ist. Einen Kloß formen, mit ein paar Tropfen Öl einfetten, in die Schüssel zurücklegen, zudecken, warm stellen und 2 Stunden gehen lassen. Den aufgegangenen Teig nochmals 10 Minuten kneten, zu einer Wurst formen und in tennisballgroße Stücke teilen. Die Arbeitsfläche mit Mehl und etwas Sesam oder Kalonji bestreuen. Darauf die Teigbällchen zu ½ cm dicken Kreisen ausrollen, zudecken. Ein Backblech ölen und 10 Minuten bei 250 °C im Backofen vorheizen (das Öl darf dabei nicht verbrennen!). Die Brotfladen auf das heiße Blech legen und mit ein paar Tropfen kaltem Wasser besprenkeln. 7–10 Minuten backen – nicht braun werden lassen! Sofort herausnehmen und auf einem Gitter abkühlen lassen. Am Rand einen Schlitz hineinschneiden, als Tasche aufklappen und mit Käse, Felafel (Seite 87), Salat usw. füllen.

Meze

Die orientalische Küche ist bekannt für ihre Meze = Vorspeisen, die in unzähligen Schüsselchen und Tellerchen aufgetragen werden und zu Pita-Brot und »Raki mit Wasser« genossen werden.

Joghurt-Kugeln
Ganz Arabien

2 l Joghurt, ½ TL Salz,
Olivenöl

Joghurt in einem Mulltuch oder Kaffeefilter über Nacht abtropfen lassen, mit Salz vermischen und zu golfballgroßen Kugeln formen. Mit Olivenöl bedecken.

Auberginen-Laban
Libanon

2 große Auberginen, Salz,
5–6 EL Olivenöl,
¼ l Joghurt,
1 Knoblauchzehe, zerdrückt

Die Auberginen schälen, in dünne Scheiben schneiden, die Scheiben mit Salz bestreuen und 1 Stunde ziehen lassen. Anschließend die Scheiben abspülen und mit Küchenpapier trockentupfen. In Olivenöl weich braten, mit einer Gabel zu Püree rühren. Mit Joghurt und Knoblauch mischen, leicht salzen.

Orient

Pita-Brot, Rezept Seite 76

Spinat-Borani, Rezept Seite 79

Gefüllte Weinblätter
Libanon

30–40 frische oder in Salz
eingelegte Weinblätter,
2 Zitronen, in sehr dünne
Scheiben geschnitten,
Saft von 1 Zitrone (ca. 3 EL)

Füllung
6 EL Olivenöl, 2 mittelgroße
Zwiebeln, sehr fein gehackt,
200 g Rundkorn-Naturreis,
½ l Wasser, Salz,
50 g Pinienkerne, 50 g Korinthen
(Sultanas oder Rosinen als Ersatz),
1 EL Dillkraut, 1 TL Honig,
½ TL Piment, ½ TL Koriander,
gemahlen, 1 Prise Zimt, Salz,
Pfeffer

Frische Weinblätter waschen, in kochendem Wasser 3 Minuten blanchieren, kalt abspülen. Eingelegte Weinblätter gut waschen, wässern, wenn stark salzig.
Für die Füllung das Olivenöl in einer großen Pfanne erhitzen, die Zwiebeln darin goldgelb dünsten. Den Reis in Wasser aufkochen, salzen und 25 Minuten zugedeckt bei kleinster Hitze garen. Zwiebeln, Reis, Pinienkerne, Korinthen und Gewürze mischen, etwas abkühlen lassen.
Einen 2-Liter-Topf mit Weinblättern auslegen. Die restlichen Weinblätter mit der glatten Seite nach unten legen, auf jedes 1 TL der Reisfüllung geben, die Seiten einschlagen und wie Kohlrouladen in den Topf schichten, zwischen jede Schicht 4–5 Zitronenscheiben legen. Mit einem hitzebeständigen Teller die Rollen beschweren und mit Wasser und Zitronensaft bedecken, 50 Minuten köcheln. Kalt servieren, mit Olivenöl besprenkelt.

Zucchinisalat
Türkei

2 mittelgroße Zucchini, Saft von
½–1 Zitrone (ca. 1½ EL),
1 Knoblauchzehe, durchgepreßt oder
sehr fein gehackt, ½ TL Cuminkörner,
oder Kümmel, 3 EL Olivenöl,
Cayennepfeffer, Salz,
1 kleiner Becher (150 g) Joghurt

Die Zucchini gut waschen, Enden abschneiden, auf einem Hobel grob raffeln. Mit den restlichen Zutaten, außer Salz und Joghurt, mischen und ca. ½ Stunde ziehen lassen. Salz und Joghurt untermischen und sofort servieren.

Spinat-Borani   Foto links
Türkei

500 g roher Blattspinat, 4 TL Öl,
Salz, Pfeffer, ¼ l Joghurt,
1 Zwiebel, gehackt,
Cayennepfeffer,
Sumak, Chilipulver

Den Spinat waschen, hacken und dünsten. Mit Öl, Salz und Pfeffer mischen, in eine Schüssel geben, kalt stellen. Joghurt und Zwiebel untermischen und mit den Gewürzen abschmecken.

Orient

Fava-Bohnen-Salat
Ägypten

300 g Fava-Bohnen (im türkischen Laden erhältlich), 1 Zwiebel, fein gehackt, 2 Tomaten, geviertelt, 1 TL Minze oder Thymian, 6–8 EL gehackte Petersilie, 2 EL Zitronensaft, 4 EL Olivenöl, 1 Knoblauchzehe

Die Bohnen über Nacht einweichen, im Einweichwasser in 1 Stunde weich kochen, abkühlen. Mit den restlichen Zutaten vermischen, kalt servieren.

Kichererbsen-Meze
Homos bi Tahini
Libanon

150 g Kichererbsen, über Nacht in Wasser gequollen, 1 EL Olivenöl, 1 El geröstetes Sesamöl, 5–6 EL Tahin (Sesammus), Salz, 1 Bund Petersilie, 1 Zitrone, in Scheiben geschnitten, 1 große, milde Gemüsezwiebel

Die gequollenen Kichererbsen 1 Stunde kochen, sie sollen weich sein. Überschüssiges Kochwasser wegschütten, die Kichererbsen pürieren. Das Püree mit Olivenöl, Sesamöl, Tahin und Salz vermischen und auf einen flachen Teller streichen. Mit Petersilie garnieren und mit Zitronenscheiben servieren. Zwiebeln und Brot dazu reichen.

Kichererbsen-Paté
Syrien

500 g Kichererbsen, über Nacht eingeweicht, 1 große Gemüsezwiebel, und 2 Knoblauchzehen, sehr fein gehackt, 6 EL Olivenöl, 1 Bund Petersilie, gehackt, 1 TL Cuminkörner, gestoßen, 1 TL Koriander, gemahlen, Salz, schwarzer Pfeffer, Cayennepfeffer, 1 Prise Anissamen, 1–2 hartgekochte Eier (wenn erwünscht), gehackt

Die eingeweichten Kichererbsen ca. ¾ Stunde im Einweichwasser – 15 Minuten im Schnellkochtopf – gar kochen, durch den Fleischwolf drehen oder im Mixer pürieren. Inzwischen Zwiebel und Knoblauch in Olivenöl in einer großen Pfanne goldbraun dünsten. Das Püree, Petersilie und die Gewürze dazugeben und unter ständigem Wenden trocken braten. Die Eier dazugeben, sofort servieren. Schmeckt zu Pita-Brot (Seite 76) oder Reis, mit gehacktem Salat und Tahin-Joghurt-Soße (Seite 81).

Meerrettich-Eier-Meze
Libanon

6 hartgekochte Eier, gehackt, ⅛ l saure Sahne, ⅛ l Joghurt, 4 EL frisch geriebener Meerrettich, 4 EL Zitronensaft, 1 Gemüsezwiebel, gehackt, 1 Prise gemahlenes Cumin, Salz, Pfeffer, schwarze Oliven

Alles miteinander vermischen. Mit schwarzen Oliven garnieren.

Orient

Tahin-Soße
Ganz Arabien

*1–3 Knoblauchzehen, nach
Geschmack, Salz,
⅛ l Zitronensaft (Saft von
2–3 Zitronen), ⅛ l Tahin (Sesammus),
½ TL Cuminkörner, gemahlen*

Alle Zutaten vermischen und abschmecken.

Hinweis
Diese Soße wird oft mit derselben
Menge Joghurt vermischt und mit Paprika oder Cayenne pikant abgeschmeckt.

Joghurtsoße
oder Joghurtsalat
Mast-o-Khiar
Iran

*1–3 Gurken, in sehr feine Scheiben
geschnitten (mehr für einen Salat,
weniger für eine Soße),
2 EL gehackte grüne (Lauch-)Zwiebel
oder Schnittlauch, 1 EL Pfefferminze,
zerbröselt, 50 g Rosinen oder
Sultaninen, 50 g Walnußkerne, grob
gehackt, 500 g (3–4 Becher)
ungesüßter Joghurt, Salz, Pfeffer*

Alle Zutaten vermischen und kalt stellen. Schmeckt gut zu Reis, Buchweizen und Hirse.

Suppen

Würzige Fruchtsuppe
Ashe Torsh
Iran

Für 5–6 Personen

*Fleischkugeln
250 g Rindergehacktes,
1 kleine Zwiebel, gerieben,
¼ TL Zimt, ¼ TL schwarzer Pfeffer,
½ TL Salz*

*2 l Wasser, 3 TL Salz,
2 EL Kichererbsen, eingeweicht,
100 g Rundkorn-Naturreis,
1 mittelgroße Zwiebel, gehackt,
2 TL Butter, 100 g Backpflaumen,
100 g getrocknete Aprikosen,
50 g Walnüsse, gehackt,
2 Bund Petersilie, fein gehackt,
⅛ l Obstessig, 3 EL Honig,
2 EL Pfefferminzblätter, zu Puder
gerieben, ¼ TL Zimt,
¼ TL schwarzer Pfeffer*

Hackfleisch, Zwiebel und Gewürze
zusammenmischen und zu Fleischkugeln in Walnußgröße formen.
Das Wasser in einen großen Topf geben. Salz, Kichererbsen und Reis dazugeben, aufkochen und 15 Minuten
leise köcheln. Die Zwiebel in der Butter braten und zusammen mit den
Fleischbällchen, Backpflaumen, Aprikosen und Walnüssen in die Suppe
geben, alles zusammen noch weitere
30 Minuten köcheln. Mit Petersilie,
Essig und Honig, Minze, Zimt und
Pfeffer würzen, abschmecken.

Orient

Kouryans Bohnensuppe
Iran

Foto

500 g grüne Bohnen, 1 l Wasser oder Bouillon, 1 EL gekörnte Hefebrühe, ½ TL Bohnenkraut, ½ TL Origano, ½ TL Cayennepfeffer oder scharfes Paprikapulver, 2 dicke Zwiebeln (ca. 250 g), fein gehackt, 2 EL Butter, 1–2 Tomaten, fein gehackt, oder 2 EL Tomatenmark, ¼ l Wasser oder Weißwein, Salz, frisch gemahlener Pfeffer, 1 Becher (150 g) Joghurt, Suppeneinlage, z. B. gekochter Reis, Nudeln oder anderes Getreide

Die Bohnen putzen, zerkleinern und ½ Stunde in dem Wasser oder der Bouillon sehr weich kochen. Mit einem Pürierstab pürieren und durch ein grobes Sieb passieren. Mit der Hefebrühe, den Kräutern und Cayenne würzen. Die Zwiebeln in der Butter weich braten. Die Tomaten dazugeben oder Tomatenmark einrühren und durchschwitzen, bis eine trockene Masse entstanden ist. Mit Wasser oder Weißwein ablöschen, alles zusammen in die Suppe einrühren. Mit Salz und Pfeffer abschmecken, Joghurt einrühren, Suppeneinlage zufügen und kurz erwärmen, aber nicht mehr kochen. Sofort servieren.

Orient

Spinatsuppe
Türkei

*1 l Hefebrühe, 1 Möhre, fein
gehackt, 250 g Spinat, geputzt, in
Streifen geschnitten, 2 EL Butter,
flüssig, 2 EL Mehl, 3 Eigelb,
3 EL Zitronensaft, 4 TL gehackte
Petersilie, 1 Bund Dill, gehackt,
½ TL Cuminkörner, gemahlen,
1 Prise Anis, Salz,
frisch gemahlener Pfeffer,
Cayennepfeffer*

Die Brühe zum Kochen bringen,
Möhre und Spinat in ca. 15 Minuten
darin gar kochen, vom Feuer nehmen. Butter, Mehl, Eigelb und Zitronensaft mischen, mit einem Schneebesen in die heiße Suppe einrühren.
Nochmals erhitzen, aber nicht mehr
kochen lassen, bis die Suppe leicht
eingedickt ist, Kräuter dazugeben
und mit den Gewürzen gut abschmecken.

Süß-saure Zwiebelsuppe
Eshkaneh
Iran

*100 g Gemüsezwiebeln, in Scheiben
geschnitten, 5 EL Öl,
3 EL Vollkornmehl, 1½ l Wasser,
⅛ l Zitronen- und Limonensaft,
gemischt (wenn Limonen erhältlich
sind!), 3 EL Honig,
½ TL schwarzer Pfeffer,
1½ TL Salz, ½ TL Kurkuma
(Gelbwurz), 1 EL Minze, ¼ TL Zimt,
¼ TL schwarzer Pfeffer,
1 Ei, geschlagen*

Die Zwiebelscheiben in Öl 5 Minuten
braten. Mehl und Wasser dazugeben
und 30 Minuten leise köcheln. Zitronensaft, Honig und die Gewürze dazugeben, das Ei einrühren, vom Feuer
nehmen.

Joghurtsuppe mit Minze
Türkei

Als Kaltschale eine wunderbare,
leichte Vorspeisensuppe.

*1½ l doppelte Kraftbrühe oder
1½ l Wasser und 8 TL gekörnte
Hefebrühe, 75 g Langkorn-Naturreis,
Salz, schwarzer Pfeffer aus der
Mühle, 250 g Joghurt, 2 Eigelb,
50 g Weizenvollkornmehl, sehr fein
gemahlen, 2 TL getrocknete
Pfefferminze, frische Pfefferminze
(ersatzweise Zitronenmelisse oder
Petersilienblätter) zum Garnieren*

Die Brühe zum Kochen bringen und
den Reis darin in 40 Minuten weichkochen. Abschmecken mit Salz und
Pfeffer. Joghurt, Eigelb und Mehl cremig rühren, in eine Suppenschüssel
geben und langsam mit einem
Schneebesen in die Suppe einrühren.
Getrocknete Pfefferminze dazugeben
und kühl stellen. Kalt servieren, gar-
niert mit frischen Pfefferminzblättern.

Orient

Hauptspeisen

Hefe-Pizza
Fatayar
Türkei

Teig
1 kg Weizenvollkornmehl,
sehr fein gemahlen, ⅛ l Öl,
1 Hefewürfel, 1 EL Salz,
ca. ¾ l lauwarmes Wasser

Sesamfüllung
125 g Sesamsamen,
6–8 EL Honig,
etwas Öl

Sumakfüllung
2–3 EL Sumak, 2–3 EL Thymian,
2–3 EL Olivenöl

Spinatfüllung
1 kg Spinat, geputzt, gewaschen,
klein geschnitten, Salz,
3 Zwiebeln, fein gehackt,
Saft von 3 Zitronen,
150 g Walnüsse, gemahlen,
Pfeffer, Piment, ⅛ l Öl

Für den Teig alle Zutaten mischen und gut verkneten. In einer Schüssel zugedeckt an einem warmen Ort 1½–2 Stunden gehen lassen. Wenn der Teig nahezu sein doppeltes Volumen erreicht hat, Kugeln von etwa 10 cm Durchmesser formen und nochmals 30 Minuten zugedeckt gehen lassen. Mit den Händen Kreise von etwa 20 cm Durchmesser ausdrücken. Eine der folgenden Füllungen darauf verteilen und die Fatayars auf ein geöltes Backblech legen.

15 Minuten bei 180 °C im vorgeheizten Ofen backen. anschließend kurz (ca. 1 Minute) unter den Grill schieben. Ergibt etwa 30 Fatayar. Heiß oder kalt servieren.

Sesam-Fatayar: Sesam und Honig mit einigen Teelöffeln Öl vermischen, auf die Fatayar streichen.

Sumak-Fatayar: Die Zutaten zu einer streichfähigen Paste vermischen, auf die Fatayar streichen.

Spinat-Fatayar: Spinat und Salz vermischen, in ein Tuch legen und auswringen. Mit den restlichen Zutaten vermengen und die Füllung auf die Fatayar streichen.

Gefüllte Teigtaschen
Boreke
Türkei

Teig
250 g Butter, 1 TL Salz,
500 g Weizenvollkornmehl,
fein gemahlen,
einige EL lauwarmes Wasser

Füllung
150 g geriebener Gouda oder
zerbröckelter Schafkäse,
250 g gekochter Spinat, gehackt,
3 Eigelb, Muskat und Kardamom

Kruste
1 Eigelb, mit 1 TL Wasser verrührt,
Sesamsamen

Die Butter schmelzen. Zusammen mit dem Salz mit den Fingerspitzen in das Mehl einarbeiten. Genügend Wasser dazuarbeiten, damit sich der Teig ausrollen läßt.

Orient

Für die Füllung alle Zutaten gründlich miteinander vermischen. Den Teig ausrollen und 20 Kreise ausstechen. Auf jede vordere Hälfte der Teigkreise einen gehäuften Teelöffel Füllung setzen, die andere Teighälfte darüberklappen und die Ränder fest zusammendrücken. Die Teigtaschen mit Eigelb bestreichen und mit Sesam bestreuen. 25 Minuten bei 200 °C im vorgeheizten Ofen backen. Warm oder kalt servieren.

Pilaf
Gesamter Naher Osten

500 g Langkorn- oder Patnareis,
3 TL gekörnte Gemüsebrühe,
6 EL Butter, 1–2 EL Pinienkerne
oder Cashewnüsse, 10 Mandeln,
1 Zwiebel, gehackt, 50 g Korinthen,
15 Minuten in Wasser oder
Orangensaft eingeweicht, Salz, Zimt,
Safran oder Sumak

Den Reis mit der gleichen Menge Wasser und der gekörnten Gemüsebrühe aufkochen, zudecken und 30 Minuten bei kleinster Hitze quellen lassen. Inzwischen 3 EL Butter erhitzen und die Pinienkerne, Mandeln und Zwiebel darin goldbraun rösten. Wenn der Reis gar ist, die restliche Butter schmelzen und auf eine große Servierplatte gießen. Die gerösteten Nüsse, die Korinthen, Salz, Zimt und Safran unter den Reis heben. Die Reismischung löffelweise auf die geschmolzene Butter verteilen und zu einer Pyramide aufhäufen. Mit Sumak (oder Paprika) bestreuen.

Süßer Reis
Iran

500 g Reis, gewaschen, 1 TL Salz,
¼ TL geriebene Muskatnuß,
¼ TL Muskatblüte, ¼ TL Zimt,
¼ TL Kardamom, gemahlen (nicht
ganze Schoten!), ¾ l Brühe,
4 EL Honig, 3 EL Butter oder Ghee,
250 g Möhren, in feine Streifen
geschnitten, 2 EL Rosinen, in
Orangensaft 30 Minuten eingeweicht,
Schale von 1 unbehandelten Orange,
in feine Streifen geschnitten,
oder 1 EL gewürfelte, getrocknete
Orangenschale, in 3 EL Grand
Marnier oder Orangensaft
eingeweicht, 10 Mandeln, der Länge
nach in Stifte geschnitten

Den Reis mit den Gewürzen in der Brühe zum Kochen bringen, 2 EL Honig unterrühren und 10 Minuten kochen. Anschließend fest zudecken und 40 Minuten im Ofen bei 200 °C quellen lassen. Die Butter schmelzen, Möhren, Rosinen, Orangenschale und Mandeln darin schmoren, bis die Möhren verwelkt und leicht gebräunt sind. 2 EL Honig dazurühren, vom Feuer nehmen. Wenn der Reis gar ist, das süße »Gemüse« untermengen, auf einen Teller häufen und sofort servieren.

Hirse-Pilaf

Foto

Tunesien

300 g Hirse, 1 Zimtstange,
5 Nelken,
600 ml Wasser, Salz,
3 EL Butter oder Olivenöl,
1 große Möhre, geputzt,
in feine Stifte geschnitten,
1 große Zwiebel, in Halbringe
geschnitten, 2 EL Rosinen,
5 EL Pinienkerne,
1 hartgekochtes Ei,
1 Bund Petersilie,
½ TL Cayennepfeffer

Die Hirse mit der Zimtstange und den Nelken in kochendes Wasser geben, aufkochen, salzen, zudecken und ½ Stunde bei kleinster Hitze quellen lassen. Butter oder Öl in einer Bratpfanne erhitzen, Möhrenstifte und Zwiebelringe darin schmoren, bis sie weich und leicht gebräunt sind. Rosinen und Pinienkerne dazugeben und kurz erhitzen. Pfanneninhalt zu der gekochten Hirse geben, mischen. Auf eine große Platte schütten, mit Eischeiben und Petersilie garnieren, mit Salz und Cayenne bestäuben.

Felafel
Israel

Foto

*250 g Kichererbsen, über Nacht
eingeweicht, 4 EL Bulghur
(Hartweizengrütze),
2 Knoblauchzehen, durchgepreßt,
2 Zwiebeln, fein gehackt,
½ TL Salz, 3 EL Mehl,
1 Bund Petersilie, fein gehackt,
1 TL gemahlenes Cumin,
¼ TL Koriander,
¼ TL Chilipulver,
1 Ei (wenn notwendig, zum Binden
bei sehr weichem Teig),
1 EL Tahin (Sesammus),
Mehl zum Ausrollen,
Öl zum Ausbacken*

Die Kichererbsen durch den Fleischwolf drehen oder mit einem Teil des
Einweichwassers im Mixer pürieren.

Mit Bulghur, Knoblauch, Zwiebeln,
Salz, Mehl, Petersilie und den Gewürzen mischen, mit dem Ei und Tahin
binden. Mit einem Teelöffel kleine
Bällchen abstechen, in Mehl rollen
und in Öl knusprig ausbacken. Mit
Eissalat und Chilisoße servieren.
Felafel wird fast immer in Pita-Brot
gefüllt, zusammen mit dem Salat und
der Soße. Es ist ein beliebter Imbiß.

Eissalat
Eisbergsalat, Weißkohl und Zwiebeln
in feine Streifen hobeln. Mit gehackten, frischen Tomaten und Joghurt mischen, mit Salz und Pfeffer würzen.
Gurken und grüne Paprikaschote
schmecken auch gut dazu!

Chilisoße
2 Becher Joghurt mit 3 EL Tahin, Salz
und 1 Prise Cayennepfeffer mischen.

Orient

Sarrasinipfanne
Ganz Arabien

6 EL Olivenöl oder anderes Öl,
1 rote oder grüne Paprikaschote,
in Streifen geschnitten,
1 große Gemüsezwiebel, in
Spalten geschnitten,
1 hartgekochtes Ei, gehackt,
1 EL Korianderkörner, zerstoßen,
2 Knoblauchzehen, zerdrückt,
1 TL Cuminkörner,
150 g Buchweizen, in der doppelten
Menge Wasser knapp gar gekocht,
abgekühlt

Das Olivenöl in einer großen Pfanne
erhitzen, Paprika und Zwiebel langsam darin braun braten. Ei, Koriander,
Knoblauch und Cumin dazugeben
und kurz mitschmoren. Den Buchweizen unterrühren und ca. 10 Minuten
mitbraten. Heiß servieren mit Joghurt
und Salaten.

Buchweizen-Kibbe
Ganz Arabien

250 g Buchweizen,
5 EL Olivenöl,
¾ l Wasser,
3 Lorbeerblätter,
3 gestrichene TL gekörnte
Hefebrühe,
1 große Gemüsezwiebel,
gehackt,
1 Knoblauchzehe, zerdrückt,
2 TL Koriander, gemahlen,
1 TL Cuminkörner,
gemahlen,
1 hartgekochtes Ei, gehackt

Den Buchweizen in einem großen
Topf in 2 EL Öl anrösten. Das Wasser
zugießen, Lorbeerblätter und Hefebrühe dazugeben und aufkochen.
Zugedeckt bei kleinster Hitze
20–25 Minuten köcheln, bis das Wasser verdampft und die Körner gar,
aber noch bißfest sind. Inzwischen
Zwiebel und Knoblauch mit den Gewürzen in dem restlichen Öl langsam
goldbraun braten. Wenn der Buchweizen gar ist, das Ei und die Zwiebelmischung unterrühren, abschmekken und warm servieren.

Hinweis
Dieses Gericht schmeckt auch sehr
gut kalt, mit etwas Essig oder Zitronensaft abgeschmeckt. Dazu eine
Schale Joghurtsoße (Seite 81) reichen.

Bulghur-Pilaf
Türkei

125 g Butter (weniger, wenn Sie
wollen!),
1 große Gemüsezwiebel,
fein gehackt,
350 g Bulghur, grob,
½–¾ l Wasser,
Salz,
gekörnte Hefebrühe,
1 EL Rosinen,
1 Bund Petersilie, fein gehackt,
2 EL Pinienkerne (wenn erwünscht)

Die Butter in einer großen, schweren
Pfanne mit Deckel schmelzen und die
Zwiebel darin goldgelb braten.
Bulghur zugeben und 10 Minuten un-
ter häufigem Wenden mitbraten.

Orient

Wasser aufgießen und mit Salz und Hefebrühe abschmecken. Ca. 10 Minuten zugedeckt köcheln, bis das Wasser verdampft ist (etwas Wasser nachgießen, wenn der Bulghur sehr trocken ist). Die Pfanne mit einem sauberen Tuch oder einer Serviette zudecken, den Deckel auf das Tuch auflegen und so den Bulghur bei niedrigster Hitze – am besten auf einer Asbestplatte – ½ Stunde quellen lassen, bis er weich ist. Rosinen, Petersilie und Pinienkerne unterheben.

Bulghur mit Kichererbsen
Türkei

100 g Kichererbsen, über Nacht eingeweicht oder aus der Dose, abgetropft,
4 EL Öl,
1 mittelgroße Zwiebel, fein gehackt, 2 Tomaten, gehäutet, Kerne ausgedrückt, fein gehackt,
1 TL Salz,
1 Bund Petersilie,
fein gehackt,
150 g Bulghur, grob,
¼ l Wasser, schwarzer Pfeffer, gemahlener Koriander,
Cumin oder Kümmel

Rohe Kichererbsen ½ Stunde kochen, Erbsen aus der Dose mit heißem Wasser kurz überbrühen. Das Öl in einem 2–3 Liter-Topf erhitzen. Die Zwiebel darin braten, bis sie goldgelb und weich ist. Tomaten, Salz, Petersilie und Kichererbsen dazugeben, leicht einkochen (ca. 10 Minuten).

Bulghur, Wasser und die Gewürze einrühren, zudecken, 35 Minuten köcheln lassen. Den Herd ausschalten, ein Tuch auf den Topf und darauf den Deckel legen, 20 Minuten quellen lassen. Mit Harisa (= scharfe rote Paprikapaste), in türkischen Läden erhältlich) servieren.

Gefüllte Kartoffel-Bulghur-Plätzchen
Kibbe
Libanon

1 kg Kartoffeln,
150 g feiner Bulghur,
Salz, Pfeffer,
Muskat, Zimt, Piment,
Öl zum Ausbacken

Füllung
1 Zwiebel, gehackt,
300 g Pinienkerne,
2 EL Olivenöl,
1 EL Zitronensaft

Die Kartoffeln kochen, schälen und stampfen. Bulghur kurz einweichen, in einem Tuch auswringen und mit den Kartoffeln gründlich zusammenmischen, mit den Gewürzen abschmecken.
Für die Füllung Zwiebeln und Pinienkerne in dem Öl bräunen. Mit dem Zitronensaft vermischen.
Aus der Kartoffelmischung längliche Frikadellen formen, ein Loch hineindrücken, 1 TL Füllung hineingeben und das Loch mit Teig wieder schließen. Die Kibby in Öl goldbraun ausbacken.

Okragulasch
Türkei

500 g Okra (im türkischen Laden erhältlich), frisch, in Dosen oder getrocknet,
2 Zwiebeln, grob gehackt,
⅛ l Olivenöl,
500 g Tomaten,
¼ l Wasser,
1 Bund Petersilie, fein gehackt,
Salz, Pfeffer,
1 Prise Harisa (Chilipaste)

Okra waschen bzw. einweichen, wenn getrocknet. Die Zwiebeln in dem Öl braten, Tomaten und Wasser dazugeben und kochen, bis die Tomaten weich sind. Petersilie und Okra untermischen, den Topf zudecken und alles 30 Minuten langsam dünsten lassen, bis die Okra zart sind. Mit Salz, Pfeffer und Harisa würzen.

Zucchiniklößchen Foto
Türkei

500 g Zucchini, grob geraspelt,
1 große Gemüsezwiebel, grob gehackt, 1 Bund Dill, fein gehackt,
1 Frühlingszwiebel oder
1 Bund Schnittlauch, fein gehackt,
50 g Schafkäse, zerbröselt (oder anderer geriebener Käse), 2 Eier,
einige EL Vollkornweizenmehl zum Andicken, Salz, schwarzer Pfeffer,
1 Prise Cumin, Olivenöl zum Braten

Alle Zutaten miteinander zu einer dicken Masse verrühren. Das Olivenöl erhitzen. Mit einem Eßlöffel Klößchen von der Masse abstechen und in dem Öl goldgelb ausbacken, einmal wenden. Auf Küchenkrepp abtropfen lassen. Warm oder kalt mit Joghurt (abgeschmeckt mit Pfefferminze, Knoblauch, Salz und Pfeffer) servieren.

Orient

Gewürzte grüne Bohnen
Irak

Foto

500 g grüne Bohnen, geputzt,
⅛ l Wasser,
1 TL gekörnte Hefebrühe
oder Salz,
2 EL Olivenöl,
2 Knoblauchzehen, fein gehackt,
1 kleine Zwiebel, fein gehackt,
½ TL gemahlenes Cumin,
½ TL Ingwerpulver,
½ TL scharfes Paprikapulver,
½ TL gemahlener Koriander,

1 Prise gemahlene Nelken,
1 Prise frisch geriebene Muskatnuß,
Salz, Pfeffer,
Cayennepfeffer

Die Bohnen, sehr gut zugedeckt, in dem Wasser mit der Brühe bißfest kochen. Das Olivenöl in einer großen Pfanne erhitzen, Knoblauch, Zwiebel und die Gewürze langsam darin schmoren, bis die Zwiebel weich und braun ist. Die Bohnen abtropfen, in die Pfanne geben und unter häufigem Wenden 5 Minuten mitbraten. Abschmecken.

Orient

Zucchini-Eggah
Ganz Arabien

250 g Zucchini, fein gewürfelt,
1 Zwiebel, fein gehackt, Salz,
3 EL Butter, 6 Eier, leicht geschlagen,
3 Scheiben Brot, zerbröselt, in
etwas Milch oder Wasser
eingeweicht,
4 EL gehackte Petersilie,
schwarzer Pfeffer, Cuminkörner,
Kalonji (Nigella)

Zucchini und Zwiebel mit Salz in der Butter weich braten. Zusammen mit allen anderen Zutaten vermischen. In eine gut geölte Bratpfanne gießen, sehr langsam bei kleiner Hitze in ca. 20 Minuten braten. Umdrehen, kurz auch die andere Seite braten. Heiß oder kalt servieren. Als Beilage oder Hauptgericht geeignet.

Gefüllte Auberginen
Dolmah Bademjan
Türkei

4 große Auberginen, gewaschen,
halbiert, das Fleisch mit einem
Löffel ausgekratzt und fein
gehackt,
Salz,
100 g gelbe Erbsen,
¼ l Wasser,
300 g Lamm- oder
Rindergehacktes,
2 große Zwiebeln, fein gehackt,
2 EL Öl,
1 Prise Muskatnuß,
¼ TL Zimt,
100 g Pinienkerne,

1 Bund Petersilie, fein gehackt,
2 EL Butter, geschmolzen,
¼ l Tomatenpüree,
Salz, Pfeffer,
Safran oder Paprikapulver,
3 EL Zitronensaft

Die Auberginenschalen 5 Minuten in Salzwasser kochen. Die Erbsen 30 Minuten in dem Wasser kochen. Fleisch und Zwiebeln zusammen mit dem Öl bräunen, das Auberginenfleisch dazugeben und weitere 10 Minuten dünsten. Gewürze, Pinienkerne und Petersilie dazumischen, in die abgetropften Auberginenschalen füllen und mit der Butter beträufeln. Nebeneinander in eine flache Auflaufform setzen. Das Tomatenpüree mit den restlichen Zutaten vermischen und über die Auberginen gießen. 30 Minuten zugedeckt schmoren oder im heißen Ofen 30 Minuten bei 200 °C backen.

Eierkuchen
Ägypten

4 EL Butter,
4 Frühlingszwiebeln, fein gehackt,
2 Salatblätter, gehackt,
2 EL getrockneter Dill,
1 Bund Petersilie, gehackt,
8 Eier, leicht geschlagen,
½ TL Backpulver,
1 Prise Safranpulver,
1 große Prise gemahlener Zimt,
Salz,
schwarzer Pfeffer aus der Mühle,
3 EL gehackte Walnüsse,
3 EL Rosinen

Orient

Den Backofen auf 175 °C vorheizen. In einer großen, feuerfesten Pfanne 2 EL Butter schmelzen und die Zwiebeln darin weich braten. Salatblätter und Kräuter dazugeben und kurz durchschwitzen. Die restliche Butter dazugeben und schmelzen. In einer Schüssel die Eier mit den restlichen Zutaten verrühren. Diese Mischung über die Kräuter gießen, ohne zu rühren. Braten, bis die Ränder anfangen, fest zu werden. Die Pfanne jetzt in den Ofen geben und den Eierkuchen in 20–30 Minuten goldgelb backen. Sofort servieren.

Tabuli
Libanon

150 g feiner Bulghur (Couscous):
gedörrter Weizenschrot,
3–4 grüne Zwiebeln,
2 große Bündel Petersilie,
2–3 Zweige frische Pfefferminze,
4 Tomaten, Saft von 4 Zitronen,
⅛ l Olivenöl, Salz, Pfeffer

Für feinen Bulghur den Weizenschrot in kaltem Wasser 1 Stunde einweichen, anschließend in einem Tuch auspressen. Zwiebeln, Petersilie, Minze und Tomaten fein hacken. Zusammen mit Zitronensaft, Öl, Salz und Pfeffer zum Weizen geben und alles vermischen, 1 Stunde quellen lassen.

Kohlrouladen
Ganz Arabien

1 mittelgroßer Weißkohl,
¼ l Tomatensaft,
Saft von 1 Zitrone,
2–3 EL Korinthen

Füllung
150 g Bulghur (Hartweizengrütze),
250 g Kichererbsen, über Nacht
eingeweicht (oder 500g-Dose
gekochte Kichererbsen), 1 Tomate,
gehackt, 1 Bund flachblättrige
Petersilie, gehackt,
1 mittelgroße Zwiebel, gehackt,
½ TL Zimt, 1 TL gemahlenes Cumin,
Salz, Pfeffer, 2 EL Olivenöl

In einem großen Topf Wasser zum Kochen bringen. Den Kohkopf hineintauchen und 10 Minuten ziehen lassen. Herausnehmen und abkühlen.
Für die Füllung den Bulghur zugedeckt 30 Minuten in Wasser einweichen. Die Kichererbsen durch den Fleischwolf drehen oder mit einem Blitzhacker zu grobem Püree verarbeiten. Den Bulghur in einem Sieb abtropfen, Wasser ausdrücken. In einer großen Schüssel Bulghur, pürierte Kichererbsen, Tomate, Petersilie, Zwiebel, die Gewürze und das Olivenöl gründlich vermischen.
Den Backofen auf 180 °C vorheizen, eine flache Auflaufform fetten. Die Kohlblätter vorsichtig abtrennen und füllen, nebeneinander in die Form setzen. Tomatensaft, Zitronensaft und Korinthen mischen und über die Rouladen gießen. 1 Stunde backen.

Die Vollwertküche der Mexikaner und Indianer

Die Indianer und Mexikaner leben seit Anbeginn ihrer Kultur von Mais. Mais ist ihr Heiligtum und ihr tägliches Brot: Maisfladen oder Tortillas, gebacken, gebraten, gefaltet, gefüllt, gebrochen – mit Bohnen, mit Reis, mit »Chile« (Paprika-, Peperoni-, Chilischoten), mit Fleisch, mit Gemüse. Heute gibt es in Mexiko und in den USA schon »präpariertes« Maismehl, sog. *Masa Harina,* das sich leicht zu Maisfladen verarbeiten läßt.

Wer hier in Deutschland die echten Tortillas (Maisfladen) zubereiten will, muß auf die etwas mühsame Methode der Ur-Indianer zurückgreifen (Seite 97). Die Maisgrütze, wie wir sie hier im türkischen oder italienischen Geschäft bekommen, klebt nicht und läßt sich deshalb nicht zu einem richtigen Teig ausrollen. Wer sich diese Mühe ersparen will, muß die nordmexikanischen Weizen-Tortillas backen – natürlich mit Vollkornmehl!

Hier in Europa ist – mit Ausnahme der letzten Jahre – die Küche der amerikanischen und mexikanischen Indianer fast völlig unbekannt geblieben. Es ist eben nicht zu erwarten, daß ein Mexikaner, Irokese oder Indio in das kalte, nasse Deutschland kommen würde, um hier ein Restaurant aufzumachen. Daher sind diese interessante, pikante Küche und die dazugehörenden Zutaten bei uns schwer zu finden. Und daher können wir uns hier nur mit einer vereinfachten, etwas angepaßten Maisküche verwöhnen.

Meine Rezepte sind ziemlich »eingedeutscht« – aus Verlegenheit (wo soll ich alle die Chilis finden?) und auch aus Rücksicht auf den deutschen Gaumen. Ich selbst esse gerne scharfe Speisen, aber meine erste Begegnung mit der mexikanischen Küche war auch für meinen abgehärteten Gaumen ein Schock. Auf dem Tisch im Restaurant stand eine Schale *Salsa, Fria* (Seite 97), eine rotgrüne Mischung mit einem wunderbaren Duft. Mein Begleiter bestellte Bier und Tequila und nahm ein *Frito* (knusprig gebackene Mais-Chips), das er in die Salsa Fria tunkte und mit großem Vergnügen aß. Ich folgte seinem Beispiel, nicht ahnend, was auf mich zukam. Der erste Geschmacks-Augenblick war wunderbar – würzig und exotisch. Aber dann explodierten die Chilis in meinem Kopf. Meine Augen tränten, meine Nase lief und in meinen Ohren klingelte es. Auch nach 48 Stunden war meine Zunge noch betäubt. Daher habe ich ganz schüchtern in den Rezepten nur 1 oder höchstens 2 scharfe Chilischoten empfohlen. Und deren Schärfe können Sie noch abmildern, indem Sie eben andere, mildere Paprikaschoten als Ersatz nehmen.

Mexiko

SPEZIELLE ZUTATEN

Annatto oder Atsuetesamen
Rote Körner, die, kurz in Öl geschmort, eine rote Farbe und einen interessanten Duft abgeben. Das gefärbte und parfümierte Öl wird gebraucht, um Reis schön orange zu färben, ähnlich wie bei Safran.

Chilipulver
Auch hier gibt es scharfe und milde Sorten! *Cayennepfeffer* (sehr scharf), *scharfes Paprikapulver,* das milde *Rosenpaprikapulver* und eine fertige *Chili-Gewürzmischung* (Chili mit Knoblauch, Cumin, Koriander und anderen Gewürzen – nicht sehr scharf). Am wichtigsten ist es hier, zwischen »Chilipulver« (meistens Cayennepfeffer) und »Chili-Gewürzmischung« (von Chili con carne hauptsächlich bekannt) zu unterscheiden.

Chilischoten
Gibt es in Mexiko in hundertfältiger Auswahl. Eine gute mexikanische Köchin würde nie weniger als drei verschiedene Sorten in einem Gericht verwenden. Chilischoten und Gemüsepaprika heißen alle beide »Chili«: Es gibt eben *milde* (Ancho, Dulce, Güero, Pimento, Poblano, Pasilla u. a.) und *weniger milde bis scharfe* (z. B. Jalepeño, Serrano, Pequin, Chiltepequin). In Deutschland finden wir nur die sehr milden Gemüsepaprika (Dulce) und die sehr scharfen, kleinen, roten Chilischoten (Pequin), die meistens getrocknet angeboten werden. Daneben gibt es in türkischen Läden

kleine, milde, hellgrüne Gemüsepaprika, runde oder längliche – die runden (Pablano) für gefüllte Chilis, die länglichen (Güera) für Chili con queso. Dort finden Sie auch frische, scharfe Chilischoten in verschiedenen Schattierungen. Darüber hinaus gibt es in Feinkostläden (in Gläsern) eingelegte *mexikanische Chilischoten* (Jalepeños), die sehr scharf, aber sehr schmackhaft sind.

Cilantro
Siehe Seite 8/9.

Epazote
Ein würziges Kraut, ähnlich im Aussehen wie Beifuß. Kann auch durch Beifuß ersetzt werden.

MAHLZEITEN

Die mexikanischen Mahlzeiten, ob üppig oder einfach, haben eines immer gemeinsam: Mais, Bohnen und Salsa Fria fehlen auf keinem Tisch. Die Tortillas werden benutzt als Teller, als Löffel, als »Wischlappen« (um den letzten Tropfen Soße zu ergattern) und, wenn einige übrig geblieben sind, als Bestandteil des nächsten Mahls (geröstet, gefaltet, gerollt) oder eben kalt zum Knabbern zwischendurch. Die Bohnen sind rot, braun, weiß, schwarz oder gefleckt, gekocht zu Suppe, zu Mus, zu Soße. Und die Salsa Fria steht immer daneben wie ein »Flammenwerfer«, um Herz und Magen zu erwärmen. Gemüsegerichte, Salat und Obst runden diese

Mexiko

Grundkost ab. Alles wird gleichzeitig serviert und nach Belieben aus den verschiedenen Tellern und Töpfen gelöffelt.

Salsa Fria

Salsa Fria erscheint auf jedem Tisch, wie bei uns Salz oder Maggi. Je nachdem, wer die Soße zubereitet hat, ist sie scharf, superscharf, höllisch scharf oder unbeschreiblich. Hier eine »eingedeutschte« Version:

1 rote und 1 grüne Paprikaschote,
1 rote Tomate, geschält, 1 Gurke,
2–3 Chilischoten (entweder
kleine getrocknete Chilis,
frische grüne Chilis, oder
eingelegte Jalapeño-Chilis),
Salz, Pfeffer,
4–5 Zweiglein Cilantro,
1 Zwiebel, 1 Knoblauchzehe,
1 TL Origano, 1 TL Thymian,
1 Bund frisches Basilikum (oder
1 TL getrocknetes), 2 EL Olivenöl,
4 EL Weinessig

Alles sehr fein hacken und vermischen.

Tortillas

200 g (½ l im Meßbecher) Maiskörner
(nicht Puff- oder Pop-Mais!),
1 l Wasser, 1–2 EL ungelöschter
Kalk (Baukalk), 1 TL Salz

Die Maiskörner über Nacht im Wasser mit Kalk quellen lassen. Am nächsten Tag den Mais in etwa 30 Minuten weichkochen. Die Körner abkühlen, bei mehrmaligem Spülen die Häute abreiben, abtropfen lassen. Mit etwas frischem Wasser und Salz mehrmals durch den Fleischwolf drehen, bis ein geschmeidiger Teig entsteht. Den Teig in walnußgroße Stükke teilen und zu dünnen, runden, Fladen ausrollen. In einer nicht gefetteten Pfanne bei mittlerer Hitze auf beiden Seiten etwa 2 Minuten bakken, bis die Ränder sich etwas hochkräuseln und die Fladen leicht gebräunt sind. Das Rezept ergibt etwa 15–16 kleine Tortillas.

Verschiedene Tortillas
Tacos: Gefüllte, zusammengerollte Tortillas, in Fett gebacken. Sie werden meistens mit Frijoles Refritos (Seite 100) gefüllt.
Tostados: In Fett goldbraun und knusprig gebackene Tortillas. Sie werden mit verschiedenen Füllungen belegt, wie ein belegtes Brot. Am häufigsten werden Chilibohnen, Frijoles Refritos (Seite 100) oder Guacamole (Seite 105) als Füllung verwendet.
Quesadillas: Gefüllte Tortillas, wie Apfeltaschen zusammengeklappt und in Fett gebacken. Die Füllung besteht meistens aus Käse, Fleisch oder Bohnen.
Enchilladas: Tortillas, die um eine Füllung gerollt und nebeneinander in eine Schüssel gelegt werden. Mit einer Soße übergossen, werden sie anschließend im Ofen gebacken.
Tamales: Ein Maisteig-Gericht, in Maisblättern gebacken oder gedämpft.

Weizen-Tortillas   Foto

*250 g sehr fein gemahlenes
Weizenmehl
(etwa ⅓ davon kann Polenta
= Maismehl sein),
1 TL Salz,
1 TL Backpulver, 1 TL Butter,
ca. 100 ml kaltes Wasser*

Die trockenen Zutaten miteinander
vermischen, die Butter mit den Fingerspitzen in das Mehl hineinreiben,
bis sie sich in Flocken durch den Teig
verteilt. Genügend Wasser zugeben,
um einen steifen Teig zu bekommen.
In Folie wickeln und ½ Stunde im
Kühlschrank ruhen lassen. Den Teig in
eigroße Stücke teilen und die Stücke
so dünn wie möglich ausrollen. Auf
beiden Seiten je 2 Minuten in einer
nicht gefetteten Pfanne backen, bis
die Fladen braune Flecken zeigen.
Sofort servieren.

Maisbrot

*250 g gekochte Maiskörner (Dose),
zerdrückt oder gehackt,
150 g gelbe Maisgrütze (Polenta),
3 Eier, 2 TL Salz,
½ TL Natron,
175 ml Milch,
50 ml geschmolzene Butter,
125 g geriebener Käse,
2 EL Butter*

Den Backofen auf 220 °C vorheizen.
Mais, Maisgrütze, Eier, Salz, Natron,
Milch und die geschmolzene Butter
mit der Hälfte des Käses gut verrühren. In eine feuerfeste, flache Auflaufform oder in eine ofenfeste Bratpfanne (z. B. aus Eisen) die Butter geben,
in den Ofen stellen, bräunen. Den
Teig in die heiße Form gießen, mit
dem restlichen Käse bestreuen und
40 Minuten backen.

Mexiko

Mexikanischer Reis
Arroz à la mexicana

400 g Reis,
1 große Zwiebel, grob gehackt,
2 Knoblauchzehen, zerdrückt,
4–6 Tomaten (je nach Größe),
gehäutet, entkernt, zerhackt
(⅜ l Püree soll entstehen),
60 ml Öl, ¾ l Wasser oder
Brühe, Salz, Pfeffer,
1 Bund Cilantro, gehackt

Den Reis waschen, Zwiebel Knoblauch und Tomaten pürieren (Mixer
oder Handrührgerät). Den Reis im Öl
goldgelb braten. Das Tomaten-Zwie-
bel-Püree und das Wasser aufgießen,
aufkochen, zudecken und ½ Stunde
quellen lassen. Mit Salz, Pfeffer und
Cilantro abschmecken.

Grüner Reis   Foto
Arroz Verde

4 grüne Paprikaschoten,
1 Bund Petersilie,
1 große Zwiebel, gehackt,
1 Knoblauchzehe, zerdrückt,
200 g Spinat oder Melde,
1 l Wasser oder Brühe, 400 g Reis,
4 EL Olivenöl,
Salz, Pfeffer

Paprika, Petersilie, Zwiebel, Knoblauch und Spinat oder Melde im Mixer oder mit dem elektrischen Handrührgerät mit einem Teil des Wassers
pürieren. Den Reis in dem Öl goldgelb braten. Das Püree, das restliche
Wasser, Salz und Pfeffer zufügen, aufkochen, zudecken und in ca. ½ Stunde weich kochen.

Mexiko

Goldener Reis
Arroz Gualdo

3 EL Öl, 2 EL Annattosamen (wenn erhältlich), 400 g Reis,
1 l Wasser, 1 TL Salz

Das Öl in einer Bratpfanne oder im Reistopf erhitzen. Die Samen dazugeben, bei niedriger Hitze braten, bis sie braun sind und das Öl rot-orange ist. Die Samen mit einer Schaumkelle herausheben. Den Reis in dem Öl braten, bis alles Öl aufgenommen ist. Das Wasser aufgießen, zudecken, ½ Stunde quellen lassen. Mit Salz abschmecken.

Wiedergebackene Bohnen
Frijoles Refritos

400 g Wachtel-, schwarze oder rote Bohnen, 2 mittelgroße Zwiebeln, gehackt, 2 Knoblauchzehen, gehackt, 2 Lorbeerblätter,
½ TL kleingehackte Chilischote,
5 EL Öl, Salz, Pfeffer,
1 Tomate, gehäutet, entkernt, zerhackt

Die gewaschenen Bohnen, 1 Zwiebel, 1 Knoblauchzehe, die Lorbeerblätter und die Chiles in einen Topf geben, mit Wasser bedecken, aufkochen und leise kochen lassen, bis die Bohnen runzelig werden (immer wieder etwas Wasser dazugeben, damit nichts anbrennt). 1 EL Öl dazugeben und weiterkochen, bis die Bohnen weich und das Wasser fast weggekocht ist. Jetzt erst salzen und pfeffern. Die zweite

Zwiebel und die zweite Knoblauchzehe in 2 EL Öl anbraten. Die Tomate zugeben und 2–3 Minuten schmoren. 3 EL Bohnen dazugeben und mit einer Gabel zu einer Paste drücken. Diese Paste unter die Bohnen rühren, um alles restliche Wasser aufzubinden. Abkühlen lassen. Das restliche Öl (2 EL) in einer Bratpfanne erhitzen, die Bohnen löffelweise dazugeben und zerdrücken, bis ein cremiges Püree entsteht. Unter ständigem Wenden weiterbraten, bis die Masse trocken ist.

Hinweis
Schnelle Frijoles Refritos: Die Bohnen in Wasser im Schnellkochtopf weich kochen. Gewürze und Öl dazugeben und im Mixer oder mit dem Pürierstab zu Mus verarbeiten. Dieses Mus in Fett braten, bis es trocken ist.

Schwarze-Bohnen-Suppe
Sopa Frijole

200 g (¼ l im Meßbecher) schwarze Bohnen,
2 l kaltes Wasser, 4 EL Öl,
1 große Zwiebel, grob gehackt,
1 Knoblauchzehe, gehackt,
2 Tomaten, gehäutet, entkernt, gehackt,
1 TL Thymian,
1 TL Cuminkörner,
1 TL Origano, Salz,
frisch gemahlener schwarzer Pfeffer,
½ getrocknete rote Chilischote, zerbröselt,
Saft von 1 Limone oder Zitrone,
3 EL Chili-Gewürzmischung

Mexiko

Die Bohnen gründlich waschen, mit dem kalten Wasser aufsetzen und weich kochen. Inzwischen das Öl erhitzen, Zwiebel und Knoblauch darin goldgelb braten. Tomaten, Thymian, Cumin, Origano, Salz und Pfeffer dazugeben, gut vermischen und zu den Bohnen gießen. 10 Minuten weiterkochen lassen. Alles im Mixer oder mit dem elektrischen Handrührgerät pürieren oder durch ein Sieb drücken. Abschmecken. Mit Chili und Limonensaft verfeinern, mit Chili-Gewürzmischung nachwürzen.

Hinweis

Zu dieser Suppe wird meistens Reis und südamerikanischer Obstsalat serviert. In einen tiefen Teller wird gekochter Reis gegeben, darüber die Suppe gegossen und mit Obstsalat gekrönt. Alles wird zusammen gegessen.

Südamerikanischer Obstsalat

2 Bananen,
2 Äpfel, am besten säuerliche,
3 unbehandelte Orangen,
1 Zitrone,
1 sehr reife Mango (wenn erhältlich),
½ frische Ananas,
1 weiße Zwiebel, 1 TL Salz,
3–4 EL mildes Öl (z.B. Maisöl),
2 EL Chili-Gewürzmischung,
2 EL Zitronensaft

Die Bananen in Scheiben schneiden. Äpfel und Orangen ungeschält grob

würfeln. Die Zitrone schälen, entkernen, fein würfeln. Reife Mango schälen, Fleisch in Würfeln vom Stein schneiden. Ananas zunächst in Ringe und dann in nicht zu große Würfel schneiden. Die Zwiebel fein hacken, mit dem Salz, Öl, Chili-Gewürzmischung und Zitronensaft zu einer Soße rühren, mit dem Obst vermengen.

Chilis in Walnußsoße
Chiles en Nogada

6 grüne, milde Paprikaschoten, halbiert, entkernt, 2 Eier, getrennt, Mehl zum Wenden, Öl zum Braten

Soße
200 g Sahnefrischkäse,
ca. ⅛ l Milch, erwärmt,
250 g Walnüsse, fein gehackt,
100 g Mandeln, fein gehackt,
1 Prise Zimt

Die Paprikaschoten putzen und waschen. Eiweiß steif schlagen, Eigelb dickcremig aufschlagen und beides miteinander vermischen. Die nassen Paprikaschoten zuerst in Mehl, dann in der Eimischung wenden und in Öl goldbraun braten.
Für die Soße den Sahnefrischkäse mit der Milch cremig rühren, mit den Walnüssen, Mandeln und Zimt vermischen. Die Chiles auf Tellern anrichten und mit der Soße übergießen.

Mexiko

Chili con queso
Scharf oder mild

Foto

*2 EL Butter, 1 Gemüsezwiebel,
gehackt, 2 Tomaten, gehäutet,
gehackt, 100 g lange, schmale,
hellgrüne Chilischoten (im
Türkenladen erhältlich), entweder
milde oder scharfe, gehackt,
Salz, Pfeffer, 1 Becher süße Sahne,
200 g Sahnefrischkäse, gewürfelt,
1 TL süßes Paprikapulver*

Die Butter in einer Bratpfanne erhitzen. Die Zwiebel darin glasig dünsten, Tomaten und Chilischoten zufügen, salzen pfeffern und 15 Minuten dünsten. Die Sahne aufgießen und 5 Minuten einkochen lassen. Mit den Käsewürfeln bestreuen, schmelzen lassen. Mit Paprika bestreuen.

Pilze mit Epazote

*3 EL Öl, 3 EL Butter,
500 g Champignons oder
Creme-Champignons,
in dicke Scheiben geschnitten,
1 Knoblauchzehe, gehackt,
½ TL Epazote (wenn erhältlich)
oder 1 TL Beifuß, 1 TL Minze
(getrocknete), 1 Jalepeño-Chilischote,
gespült, Kerne entfernt, in
Scheiben geschnitten,
½ TL Nelkenpulver (Piment),
Salz, Pfeffer*

Öl und Butter in einer sehr breiten Bratpfanne erhitzen, damit die Pilze nicht aufgehäuft werden müssen – oder portioniert braten. Alle anderen Zutaten mit in die Pfanne geben, vermischen und in dem Fett bräunen.

Mexiko

Grüne Bohnen in roter Mandelsoße

Foto

500 g grüne Bohnen

Mandelsoße
3 EL Olivenöl,
1 Scheibe Weizenvollkornbrot,
1 kleine, weiße Zwiebel, fein
gehackt, 1 Knoblauchzehe, fein
gehackt, 150 g Mandeln, gehäutet,
½ scharfe Chilischote, gehackt,
½ TL Origano, 2 EL süßes Paprika-
pulver, 1 kleine Tomate, gehäutet,
gehackt, 175 ml Brühe, aus dem
Bohnenkochwasser und gekörnter
Brühe zubereitet

Die Bohnen kochen und warm halten.
2 EL Öl erhitzen und das Brot darin goldbraun braten, auf Küchenpapier abtropfen und zerbröseln. Das restliche Öl erhitzen, Zwiebel, Knoblauch, Mandeln und Chili darin braten, bis die Mandeln goldgelb werden (nicht bräunen!). Mit dem Brot, Origano, Paprika, Tomate und einem Teil der Brühe pürieren. Mit der restlichen Brühe nur so viel verdünnen, daß eine Soße entsteht. 15 Minuten köcheln lassen, zum grünen Gemüse servieren.

Mexiko

Revoltijo mit Molé-Soße

500 g möglichst kleine, festkochende Kartoffeln, 100 g ganze Mandeln, 4 Eier, 500 g Spinat, Melde, Mangold oder anderes Grünblatt-Gemüse (z. B. Rote-Bete-Blätter)

Plinsen
125 g getrocknete Shrimps oder Krabben aus der Dose,
100 g Weizenvollkorn-Semmelbrösel
2 Eier, verschlagen, Öl zum Braten

Molé-Soße
8 EL Chili-Gewürzmischung,
2 Zwiebeln, 4 Knoblauchzehen,
½ TL Aniskörner,
4 EL Sesamsamen, trocken in einer Pfanne hellbraun geröstet,
500 g Tomaten, gehäutet,
200 g Mandeln, gehäutet,
100 g Rosinen, ½ TL gemahlene Nelken, ½ TL gemahlener Zimt,
½ TL gemahlener Koriander,
6 EL Kakao, Salz, Pfeffer,
3 EL Öl zum Braten

Kartoffeln und Mandeln mit den ganzen Eiern (mit Schale) in Wasser kochen, bis die Kartoffeln weich sind. Abgießen, die Eier und die Mandeln pellen, warm stellen. Das Gemüse putzen, zerkleinern, kurz kochen. Die Eier vierteln.
Für die Plinsen die getrockneten Shrimps mahlen, mit den Semmelbröseln und den verschlagenen Eiern zu einem Teig verkneten. Von dem Teig walnußgroße Stücke abtrennen, zu kleinen Plinsen formen und in Öl goldgelb braten.

Alle Zutaten für die Soße möglichst fein zerkleinern und pürieren. Das Öl erhitzen und das Püree 5 Minuten unter ständigem Rühren darin braten. Mit etwas Wasser verdünnen und 15 Minuten kochen.
Kartoffeln, Gemüse und Plinsen auf einen breiten Teller geben, die Soße darübergießen, mit den Eiern und Mandeln verzieren.

Mangold mit Kartoffeln und Kichererbsen

750 g Mangold (Spinat oder Melde als Ersatz), nur die Blätter,
6 EL Wasser, 3 EL Öl,
1 Zwiebel, fein gehackt,
1 Knoblauchzehe, fein gehackt,
½ TL scharfe getrocknete Chilis, zerbröselt, 3 Tomaten, gehäutet,
Salz, Pfeffer, Zucker,
6 kleine Kartoffeln,
gekocht, gepellt,
150 g gekochte Kichererbsen (oder Maiskörner),
ca. 50–70 g geriebener Parmesan

Die Gemüseblätter kurz in dem Wasser dämpfen, 4 Minuten sollten reichen. Abtropfen, Wasser oder Saft auffangen, die Blätter zerhacken. Das Öl erhitzen, Zwiebel und Knoblauch darin braten, bis sie weich, aber nicht braun sind. Chilis, Tomaten und Kochwasser zugeben und einkochen lassen. Mit Salz, Pfeffer und Zucker würzen. Kartoffeln, Kichererbsen und Gemüseblätter dazugeben, wieder erwärmen, mit geriebenem Käse bestreuen und sofort servieren.

Mexiko

Gesottene Zwiebeln

*1 Gemüsezwiebel, in sehr dünne
Scheiben geschnitten, 1 TL Salz,
⅛ l Wasser, 3 Chilischoten,
1 TL Origano, ½ TL Cumin,
1 Knoblauchzehe, 1 Lorbeerblatt,
⅛ l Obstessig*

Die Zwiebel 5 Minuten in Salzwasser
legen, abgießen. Alle Zutaten in einen Topf geben, aufkochen, vom
Feuer nehmen und kühl stellen. Als
Beilage servieren.

Kohl in Adobesoße

*500–1000 g Weißkohl, fein gehobelt,
Salz, Pfeffer,
3 hartgekochte Eier, in Scheiben
geschnitten*

Adobesoße
*2 rote Paprikaschoten, gehäutet,
1 Zwiebel,
1 Knoblauchzehe, ½ TL Origano,
1 TL Chili-Gewürzmischung,
Pfeffer, 1 TL Honig,
250 g Tomaten, gehäutet,
2 EL Öl, ⅛ l Brühe*

Den Weißkohl 2 Minuten in kochendem Wasser blanchieren, abtropfen
lassen. Die Soßenzutaten zusammen
im Mixer pürieren, anschließend
5 Minuten kochen. Das Püree über
den Kohl gießen, alles gut vermischen und mit Salz und Pfeffer abschmecken. ½ Stunde bei Zimmertemperatur ziehen lassen. Mit Eierscheiben garnieren.

Blumenkohlsalat

*1 kleiner Blumenkohl,
die Röschen roh
in feine Scheiben geschnitten,
1 Zwiebel, in Scheiben geschnitten
(am besten Frühlingszwiebeln),
1 Chilischote, entkernt, klein gehackt,
2 EL mildes, rotes Paprikapulver,
1 EL Weinessig,
3 EL Olivenöl, Salz*

Alle Zutaten miteinander vermischen,
kurz ziehen lassen.

Guacamole

*2 reife Avocados, geschält,
fein gehackt oder mit einer
Gabel zerdrückt,
2 EL Limetten- oder Zitronensaft,
1 Tomate, gehäutet, gehackt,
1 kleine Zwiebel, fein gehackt,
1 Knoblauchzehe, fein gehackt,
1 Jalapeño-Chilischote, fein gehackt,
1 TL Salz*

Die zerdrückten Avocados sofort mit
dem Limetten- oder Zitronensaft vermischen. Alle anderen Zutaten dazugeben, gründlich mischen und zu Tacos oder anderen Tortillas servieren.

Hinweis
Auf Salatblätter gehäuft, ist dies eine
hervorragende Vorspeise. Dazu Toast
servieren.

Mexiko

Weihnachtssalat

1 Rote Bete, roh, grob geraffelt,
3 Orangen, geschält,
in Filets geteilt,
2 saure Äpfel, mit der Schale
gehackt,
3 Bananen, in Scheiben
geschnitten,
3 Scheiben frische Ananas,
in Würfel geschnitten,
5 EL Erdnüsse,
etwas gehackt

Salatsoße
6 EL mildes Öl,
3 EL Rotweinessig,
Saft von 1 Orange,
Saft von 1 Zitrone,
1 Prise Cayennepfeffer,
Salz, schwarzer Pfeffer

Die vorbereiteten Salatzutaten vermischen. Die Zutaten für die Soße miteinander verrühren, bis das Salz ganz aufgelöst ist. Die Soße über den Salat gießen und sofort servieren.

Geeister Obstsalat

2 Eier, cremig geschlagen,
5 EL milder Honig (am besten
Akazienhonig), Saft von 2 Orangen
(ca. 8 EL), ¼ l Kaffeelikör,
ersatzweise starker Kaffee, mit
Honig gesüßt, ¼ l Sahne,
250 g Obst (keine Zitrusfrüchte!),
am besten liebliches Obst wie
Bananen, Mango, Pfirsiche,
Aprikosen, Erdbeeren usw.

Eier, Honig, Orangensaft und Kaffeelikör in einem kleinen Topf über sanfter Hitze erwärmen und unter ständigem Rühren leicht eindicken, bis die Mischung am Löffel einen Mantel bildet. Sofort in eine Schüssel mit kaltem Wasser setzen und abkühlen, im Kühlschrank vollkommen durchkühlen lassen. Die Sahne steif schlagen, das Obst in mundgerechte Stücke schneiden. Sahne und Obst unter die Eier-Likör-Mischung heben, auf Portionstellern anrichten und mit 1 Teelöffel Kaffeelikör begießen.

Die europäische Vollwertküche

Rings um die Welt, besonders in den Ländern der Armut, den sogenannten »unterentwickelten« Ländern, findet man noch heute eine gesunde, vollwertige Lebens- und Ernährungsweise. Doch auch in den Großstädten der unterentwickelten Länder hat die Industriekost schon Einzug gehalten, und die »besseren« Leute freuen sich an Zuckerspeisen und -getränken, Dosen- und Fertigkost, üppigen Fleischmahlzeiten und feinem, weißem Brot. In den Hungergebieten Afrikas, wo sich die Bevölkerung früher von Hirse und Gerste ernährt hat, kann sich heute keiner mehr erinnern, wie dieses Getreide zubereitet wurde. Man lebt eben von dem eingeflogenen »Wunder« des weißen amerikanischen Brotes.

Und wie sieht es in Europa aus? Hier gibt es kaum noch »unterentwickelte« Landesteile, hier leben alle in Wohlstand, hier hat die Industriekost ihre Brutstätte, ihre Heimat, ihre Bastion. Doch hier gibt es etwas Neues: Menschen, gesättigt von der Freßwelle der 60er Jahre, die sich neue Ansichten zu eigen machen, sich von alten »Halbwert«-Speisen abwenden und einer »vollwertigen« Ernährung zuwenden.

Wenn Sie also vollwertig essen wollen − schauen Sie mal das breite Angebot an Vollwertkost-Kochbüchern an! Meine Bücher *Vollwertkost mit Genuß* und *Vegetarische Vollwertkost* werden Sie bestimmt begeistern!

Europa

Gewürzte Oliven
Spanien

*100 g schwarze Oliven, am besten
entsteinte, 3 EL Zitronensaft,
1 TL Paprikapulver,
1 Prise Chilipulver,
½ TL Cuminkörner,
1 Knoblauchzehe, fein gehackt,
1 EL Olivenöl oder Nußöl,
3 EL gehackte Petersilie, Salz
schwarzer Pfeffer aus der Mühle*

Alle Zutaten mischen und mindestens
2 Stunden ziehen lassen.

Kalte Sommersuppe
Polen

*¼ l Schmand oder saure Sahne,
1 Bund Radieschen, fein gehackt,
1 Bund Schnittlauch, fein geschnitten,
½ Schlangengurke, ungeschält,
fein gehackt,
Saft von ½ Zitrone,
1 Prise Salz (nach Geschmack),
3–5 EL süße Sahne (Milch oder
Buttermilch),
Petersilie, fein gehackt,
1–2 Radieschen, in Scheiben
geschnitten,
scharfes Paprikapulver*

Schmand oder saure Sahne mit Radieschen, Schnittlauch und Gurke
vermischen. Zitronensaft und Salz zufügen und mit der Sahne zu Suppen-
konsistenz verdünnen. In Portionsschalen verteilen. Mit Petersilie und
Radieschenscheiben garnieren, zuletzt mit Paprika bestäuben.

Brotsuppe
Altgermanisch!

*1 l Brühe,
¼ l Weißwein,
200 g Vollkornbrot, zerbröselt,
2 Knoblauchzehen, zu Mus
zerdrückt,
250 g Gemüse,
am besten Kohlgemüse
(auch Sauerkraut!), fein gehackt,
1 kleiner Becher Sahne,
je 1 TL Thymian, Estragon
und Majoran*

Die Brühe aufkochen. Wein, Brot,
Knoblauch und Gemüse dazugeben,
15 Minuten köcheln. Mit Sahne und
Kräutern abschmecken, heiß servieren. Dazu einen Chicoréesalat mit gerösteten Haselnüssen und einem Jo-
ghurt-Mayonnaise-Dressing reichen.

Hafergrützesuppe
Deutschland

*2 EL Butter,
1 große Zwiebel,
grob gerieben,
1 große Möhre, grob gerieben,
1 Stück Sellerie, grob gerieben,
1 kleine Steckrübe, grob gerieben,
1¼ l Wasser, Bouillon oder
Gemüsebrühe,
100 g Haferkörner, grob gemahlen,
1 TL Salz,
schwarzer Pfeffer aus der Mühle,
Kümmel,
Muskatnuß,
1 Bund frische Petersilie,
fein gehackt*

Die Butter schmelzen. Zwiebel, Möhre, Sellerie und Steckrübe darin dünsten, mit der Flüssigkeit auffüllen und zum Kochen bringen. Die Hafergrütze hineingeben, umrühren, zudecken und 40–50 Minuten leise köcheln lassen. Mit den Gewürzen abschmekken, mit Petersilie bestreuen und sofort servieren.

Trahanas-Suppe
Griechenland

Trahanas sind kleine Joghurt-Sauerteigkrümel, die getrocknet manchmal in griechischen Läden zu bekommen sind. Wenn Sie sie sehen, probieren Sie sie mal aus in dieser säuerlichen Suppe.

Für 6–8 Personen
2 EL Ölivenöl,
1 mittelgroße Zwiebel, gehackt,
2 EL Tomatenmark,
Salz,
schwarzer Pfeffer aus der Mühle,
1½ l Wasser,
100 g Trahanas,
50 g Feta (Schafkäse),
zerbröckelt

Das Olivenöl in einem großen Topf erhitzen und die Zwiebel darin goldgelb braten. Tomatenmark, Salz und Pfeffer einrühren und kurz mitbraten. Mit dem Wasser aufgießen und zum Kochen bringen. Trahanas einstreuen, zudecken, 20 Minuten köcheln. In eine Suppenschüssel geben, mit Feta bestreuen und mit Salat und Brot servieren.

Süß-saure Rote-Bete-Suppe
Borscht
Rußland

Wahrscheinlich gibt es fast so viele Borscht-Rezepte, wie es Juden in Ost-Europa und Rußland gegeben hat. Und jede Hausfrau berichtet stolz, ihr Rezept sei »das richtige«, ob mit Hammel oder Rind, Huhn oder Gans, mit Kohl oder Rüben, schwer und deftig oder klar und elegant wie meine Lieblings-Borscht – die übrigens auch fantastisch schmeckt, wenn sie im Sommer geeist serviert wird.

1 kg Rote Bete, möglichst frisch,
gut geschrubbt, aber ungeschält,
2 l Wasser,
1 mittelgroße Zwiebel,
fein gerieben,
1 EL Salz,
2 Eier,
2 EL Honig,
$\frac{1}{16}$ l Zitronensaft,
saure Sahne (nach Geschmack)

Rote Bete im kalten Wasser aufsetzen, aufkochen und 15 Minuten kochen lassen. Schälen und fein reiben, in das Kochwasser zurückgeben. Die geriebene Zwiebel dazurühren. Salz, Eier, Honig und etwas Kochwasser verrühren und unter Rühren zurück in die Suppe gießen. Sofort mit etwas saurer Sahne servieren. Oder abkühlen lassen und als »Kaltschale« servieren.

Zucchinisuppe
Foto

Griechenland

3 EL Butter, 1 EL Olivenöl,
1 große Zwiebel, gehackt,
150 g Langkorn-Naturreis,
150 g Linsen, Salz, Pfeffer,
1 TL Origano,
¼ TL Cuminkörner, zerstoßen,
2 l Wasser,
6–8 gestrichene TL gekörnte
Hefebrühe, 500 g Zucchini, in feine
Würfel geschnitten,
1 EL getrocknete Minzeblätter
(Speerminze, wenn erhältlich:
griechische Läden)

2 EL Butter und das Öl zusammen in einem Suppentopf erhitzen und die Zwiebel darin weich dünsten. Reis, Linsen, Salz und Pfeffer dazugeben, mischen, 2 Minuten braten. Origano und Cumin zufügen, Wasser und Hefebrühe aufgießen, zum Kochen bringen, 40 Minuten zugedeckt leise köcheln lassen. Die Zucchiniwürfel zufügen und weitere 15 Minuten köcheln. In einer zweiten Pfanne 1 EL Butter schmelzen, die Minze dazugeben und sautieren, bis die Butter braun wird. Die Suppe in eine Schüssel geben, die Minzebutter obendrauf gießen, servieren.

Gemüsefrikadellen
Holland

Foto

3 Weizenvollkornbrötchen
(Bioladen), 1 Lauchstange,
1 Zwiebel, 1 Möhre, gewaschen,
aber nicht geschält,
1 Stück Selleriewurzel,
5 EL Butter, 1 EL Currypulver,
1 Bund Petersilie, gehackt,
2 EL Ketjap-Manis (süße Sojasoße),
3 Eier, Salz, Pfeffer,
gemahlene Lorbeerblätter,
Öl zum Ausbacken

Die Brötchen in kaltem Wasser einweichen, ausdrücken, zerzupfen.
Lauch putzen und in sehr feine Streifen schneiden. Zwiebel, Möhre und
Sellerie fein hacken. Die Gemüse in
der Butter weich dünsten, mit Curry
bestäuben, gehackte Petersilie und
Ketjap Manis einrühren, abkühlen lassen. Mit den Brötchen, Petersilie, Eiern und Gewürzen verkneten und
15–20 kleine Frikadellen daraus formen. In Öl ausbacken. Mit Reis und
Gurkensalat servieren, als Soße frisch
pürierte Tomaten reichen.

111

Mamaligga oder Türkensterz
Rumänien

*500 g grobgemahlene Maisgrütze
(gröbste Einstellung der Mühle),
1½ l kochendes Wasser, Salz,
4 EL Butter, 6 mittelgroße
Zwiebeln, in Scheiben geschnitten,
3–4 Möhren, in dünne Scheiben
geschnitten, 1 rote und 1 grüne
Paprikaschote, in Streifen
geschnitten, 1 Knoblauchzehe,
gehackt, frisch gemahlener Pfeffer,
scharfes Paprikapulver,
1 TL Majoran, 1 TL Dillsamen*

Die Maisgrütze in einer schweren
Pfanne unter ständigem Rühren
10–15 Minuten trocken anrösten
(nicht brennen!), bis sie dunkelgelb
ist und duftet. Das Wasser zugießen, aufkochen lassen und salzen.
1 EL Butter dazugeben und bei mildester Hitze in 30 Minuten aufquellen
lassen. Inzwischen die Gemüse mit
dem Knoblauch in der restlichen Butter weich dünsten. An reichen Tagen
haben die Rumänen mehr Butter –
oder auch Hühnerschmalz – genom-
men, an armen Tagen eben weniger
oder gar keine! Wenn die Grütze
weich ist, mit dem Gemüse vermengen, mit Pfeffer und Paprika bestäuben und mit den Kräutern abschmekken. Gut zu Mamaligga ist feuriger
Paprikasalat (Seite 114).

Hessische Schmandkartoffeln
Deutschland

*1,5 kg große Kartoffeln, am besten
mehlige, 500 g Zwiebeln,
2 Lauchstangen, Salz, Pfeffer,
2 Lorbeerblätter,
4 EL Paprikapulver,
1 l trockener Weißwein,
Butter für die Form, 400 g Schmand
(dicke saure Sahne)*

Die Kartoffeln gut schrubben und ungeschält in ½ cm dicke Scheiben
schneiden. Zwiebeln grob hacken,
Lauch gut putzen und in Ringe
schneiden (dunkelgrünes Teil mitver-
wenden). Die Gewürze mit dem Wein
mischen. Mit der Hälfte der Kartoffel-
scheiben eine gefettete große Auflaufform auslegen, mit Zwiebeln und
Lauch bedecken, die restlichen Kar-
toffelscheiben darüberschichten und
mit dem gewürzten Wein aufgießen.
Das Ganze mit dem Schmand bedek-
ken. 2 Stunden im vorgeheizten Ofen
bei 200 °C garen. Dazu einen grünen
Salat und saure Gurken servieren.

Peperonata mit Ei
Italien

*1 große Gemüsezwiebel,
5 EL Olivenöl, 1 kg rote und
grüne Paprikaschoten,
1 kg Tomaten,
2–3 EL Rotweinessig, Salz,
schwarzer Pfeffer aus der Mühle,
1 EL Rosmarinnadeln, fein gehackt,
4–6 Eier*

Europa

Die Gemüsezwiebel in dünne Ringe schneiden und in dem Öl goldgelb braten. Die Paprikaschoten in Ringe schneiden, Kerne entfernen, zu den Zwiebeln geben, zudecken und bei kleinster Hitze 10 Minuten schmoren. Inzwischen die Tomaten überbrühen, häuten, achteln. Ebenfalls in den Topf geben, Essig, Salz, Pfeffer und Rosmarin zufügen, umrühren, 15 Minuten zugedeckt schmoren. Weitere 15 Minuten ohne Deckel einkochen. Die Eier gut verquirlen, über das Gemüse gießen und zugedeckt stocken lassen. Mit Brot oder Reis servieren.

Menta-Salat
Griechenland

Für 6 Personen
*4 Tomaten, 2 Gurken oder
1 Schlangengurke, 3 Radieschen,
1 rote und 1 grüne Paprikaschote,
3 Frühlingszwiebeln mit ⅓ des
Grüns oder 1 Gemüsezwiebel,
1 Knoblauchzehe, 1 Bund Petersilie,
am besten glatte, fein gehackt,
1 Handvoll Pfefferminzblätter,
fein gehackt, (frisch) oder
1 TL getrockente Blätter,
4 EL Olivenöl, 2 EL Zitronensaft,
2 Becher (je 150 g) einfacher Joghurt,
Salz, Pfeffer*

Alle Gemüsezutaten fein würfeln (Knoblauch sehr fein!) und mit den restlichen Zutaten vermischen. Wenn Sie Pfefferminze nicht mögen, geben Sie einige Bündchen feingeschnittenen Dill, Zitronenmelisse oder Basilikum statt dessen in den Salat.

Linsensalat
Frankreich

*250 g Linsen (je feiner und
kleiner, um so besser!),
1 mittelgroße Zwiebel,
geschält, 3 Lorbeerblätter,
1 l Wasser, 2 TL gekörnte
Hefebrühe, 4 EL Olivenöl,
3 EL Rotweinessig,
1 TL Dijon-Senf, Kräutersalz,
schwarzer Pfeffer aus der Mühle,
1 Knoblauchzehe, zu Mus zerdrückt,
1 Bund Petersilie, in kleine
Zweiglein zerteilt, 1 kleine
Zwiebel, fein gehackt, 1 Möhre,
in sehr feine Scheiben gehobelt,
1 kleiner Kopf Frisee- oder
Endiviensalat, in feine Streifen
geschnitten*

Die Linsen mit der Zwiebel und den Lorbeerblättern im Wasser bißfest kochen, abgießen, mit der gekörnten Brühe vermischen. Aus Öl, Essig, Senf, Salz, Pfeffer und Knoblauch eine Soße rühren, über die Linsen geben, abkühlen. Kurz vor dem Servieren mit der Petersilie, Zwiebel und Möhre vermischen. Salatstreifen auf Portionsteller verteilen und die Linsen darauf anrichten. Als Vorspeise mit Vollkorn-Baguette servieren. Mit hartgekochten Eierscheiben belegt, ist dieser Salat ein komplettes Essen.

Europa

Feuriger Paprikasalat Foto
Italien

*2 rote und 2 grüne Paprikaschoten,
2–3 frische Chilischoten,
2 Gemüsezwiebeln, 1 rote Zwiebel,
1 Knoblauchzehe, sehr fein gehackt,
4 EL Olivenöl, 10 schwarze Oliven,
entsteint, gehackt, 2 EL Rotweinessig,
Salz, Pfeffer, Tabasco,
½ TL Origano oder Thymian*

Die Gemüse putzen und in kleine
Würfel schneiden. Mit den restlichen
Zutaten vermischen, abschmecken.

Bohnensalat Foto
mit Oliven
Italien

*500 g weiße oder braungesprenkelte
Bohnen, über Nacht eingeweicht,
1 EL frischer oder getrockneter
Thymian, 3 Knoblauchzehen, fein
gehackt, 3 mittelgroße Zwiebeln,
grob gehackt, 1 kleine Dose
Sardellenfilets (ca. 8–10 Filets)
in Öl, grob gehackt,
3 EL Olivenöl, 2 EL Balsamico-Essig,
Salz, schwarzer Pfeffer (grob
gemahlen), 1 kg Tomaten,
gewürfelt, ca. 100 g schwarze Oliven,
entsteint, grob gehackt*

Die Bohnen in ungesalzenem Wasser
gar kochen, abgießen und mit Thymian, Knoblauch und Zwiebeln mischen. Sardellenfilets, Öl, Essig, Salz
und groben Pfeffer zu einer kräftigen
Marinade rühren, über die Bohnen
gießen und mehrere Stunden im

Kühlschrank durchziehen lassen. Anschließend auf einer Platte anrichten,
mit Tomatenwürfeln und Olivenstück-
chen umkränzen. Mit Weizenvollkornbrot als Vorspeise oder leichte
Mahlzeit servieren.

Auberginensalat Foto
Melinzanosalat
Griechenland

*3 mittelgroße Auberginen,
2 hartgekochte Eier, 2 Tomaten,
1 Knoblauchzehe, zu Mus zerdrückt,
3 EL Olivenöl, 2 EL Rotweinessig,
Salz, Pfeffer,
1 Bund flachblättrige Petersilie,
fein gehackt,
1 große Gemüsezwiebel,
in Ringe geschnitten,
Cuminkörner, Zitrone*

Die Auberginen ganz und mit Stiel
auf ein Backblech legen und ca.
½ Stunde bei 200 °C backen, zwischendurch einmal umdrehen, abkühlen lassen. Inzwischen die Eier
schälen. Die Tomaten kurz blanchieren und häuten, halbieren, die Kerne
vorsichtig ausdrücken, das Fleisch
grob hacken. Das Auberginenfleisch
mit einem Löffel aus der Haut krat-
zen, grob würfeln. Knoblauch, Olivenöl, Essig, Salz und Pfeffer dazugeben und abschmecken. Auf einem
Teller anrichten. Mit Eiachteln, Tomatenwürfeln und Petersilie verzieren.
Zwiebelringe rings um den Tellerrand
legen. Mit Cumin bestreuen und Zitronensaft darüberträufeln. Mit Brot
als Vorspeise servieren.

Europa

Möhrenkugele
Deutschland

Für 6 Personen
300 g Möhren, sehr fein geraspelt,
⅛ l Öl, 2 Eier, getrennt,
3 EL Honig,
125 g Weizenvollkornmehl,
½ TL Backpulver,
1 Prise Vanille,
abgeriebene Schale von
2 unbehandelten Zitronen,
50 g Rosinen,
50 g Walnüsse oder
Haselnüsse, gehackt

Den Backofen auf 180 °C vorheizen.
Eine 3 kg-Brotform oder eine Auflaufform ölen. Möhren, Öl, Eigelb und
Honig miteinander verrühren. Die
restlichen Zutaten (ohne Eiweiß) dazugeben und gut vermischen. Zuletzt
das steifgeschlagene Eiweiß vorsichtig unterheben. Die Masse in die
Backform gießen, 35 Minuten bakken. Mit Kartoffeln und einem grünen
Salat servieren.

Gemüse mit Zitronen-Eier-Soße
Avgolemono
Griechenland

1 kg Gemüse, z. B.
grüne Bohnen, Wirsing,
Blumenkohl, Fenchel,
Sellerie, ½ l Wasser,
6 EL Zitronensaft,
1 EL gekörnte Hefebrühe,
2 EL Weizenvollkornmehl,
1 Eigelb

Gemüse putzen und in mundgerechte Stücke schneiden. Wasser mit 4 EL
Zitronensaft und der Brühe aufkochen und das Gemüse darin bißfest
kochen. Mit einem Schaumlöffel das
Gemüse herausfischen, auf einen Teller legen. Das Mehl mit einem
Schneebesen in das Kochwasser einrühren, aufkochen und eindicken lassen. Den restlichen Zitronensaft mit
dem Eigelb verrühren, 4 EL von der
heißen Brühe unterrühren, diese Mischung wiederum in die Brühe geben
und leicht eindicken, aber nicht mehr
kochen (gerinnt!). Die Soße über das
Gemüse gießen. Mit geröstetem Brot
und griechischem Salat servieren.

Überbackener Gemüseeintopf
Garbure
Frankreich

250 g weiße Bohnen, über Nacht
eingeweicht, 3 l Wasser,
1 geräucherte Rinderwurst
(Türkenladen), wenn erwünscht,
1 kleiner Wirsingkopf
(ca. 1 kg), geachtelt,
4 Winterrettiche, ganz gelassen,
4 Möhren (ca. 500 g), ungeschält
in je 4 Stücke geschnitten,
4 mittelgroße Zwiebeln, halbiert,
1 ganze Knoblauchzehe,
500 g Kartoffeln, am besten
mehlige, ungeschält, halbiert oder
geviertelt, 5 Lorbeerblätter,
2 TL Thymian, 1 TL Majoran,
1 TL Rosmarin, 1 Bund Petersilie,
Salz, schwarzer Pfeffer
aus der Mühle, Sojasoße,

Europa

200 g Weizenvollkornbrot in Scheiben, 1 Knoblauchzehe, zu Mus zerdrückt, 150 g Holländer Käse oder Leerdamer, grob gerieben

Die weißen Bohnen abgießen, in dem Wasser aufkochen. Die Wurst in Scheiben schneiden und ca. 1 Stunde mit den Bohnen zugedeckt köcheln lassen. Gemüse, Kräuter und Gewürze zu den Bohnen geben, 30 Minuten weiterkochen. Die Brotscheiben mit Knoblauch einreiben. Die Gemüse-Bohnen-Mischung in eine flache Auflaufform oder in die Saftpfanne des Ofens füllen. Die Brotscheiben darüber verteilen und alles mit dem Käse bestreuen. Unter dem Grill überbacken, bis der Käse zerläuft. Wenn Sie mehr Brotscheiben haben, diese auch mit Käse bestreuen und hinterher auf dem Backblech überbacken. Dazu kann man auch Reis servieren. Salat als Vorspeise!!

Kohlröllchen
Holopches
Holland

1 großer Weißkohl,
(etwa 2–2½ kg)

Füllung
3 hargekochte Eier oder 50 g Tofu, in feine Würfel gehackt,
2–3 EL Weizenkeime, 2 Eier oder 6 EL Sojamehl (zum Binden),
2 mittelgroße Zwiebeln, fein gehackt,
1 Knoblauchzehe, zerdrückt,
Salz und Pfeffer,
1 Bund Petersilie, fein gehackt,
1 Bund Dill, fein gehackt,

100 g Naturreis, 30 Minuten vorgekocht (nur Langkorn- oder Patnareis verwenden, Rundkornreis wird nicht weich genug)

Soße
750 g Tomaten, gehäutet, zerhackt,
2 mittelgroße Zwiebeln, in Scheiben geschnitten, Salz, Pfeffer,
3 EL Zitronensaft (oder etwas mehr)
2 EL Honig (oder etwas mehr, nach Geschmack), 2 Lorbeerblätter, gebrochen, 2 große, säuerliche Äpfel, geviertelt

Den Kohlkopf waschen, den Strunk herausschneiden, den Kohl in kochendes Wasser legen und zugedeckt 10 Minuten ziehen lassen. Die Blätter vorsichtig abziehen, immer wieder zum Weichen der weiteren Blätter ins heiße Wasser legen.
Für die Füllung die hartgekochten Eier oder Tofu mit allen anderen Zutaten mischen. Auf jedes Kohlblatt 1 Eßlöffel Füllung legen und das Blatt vom Strunkende her zusammenrollen. Die Röllchen nebeneinander in einen großen Bräter mit Deckel legen.
Für die Soße die Tomaten, Zwiebeln, Salz und Pfeffer vermischen und über die Kohlröllchen gießen, zudecken und etwa 1 Stunde leise köcheln lassen. Zitronensaft, Honig, Lorbeer und Äpfel mischen, dazugießen und weitere 45 Minuten garen. Kräftig süßsauer abschmecken.

Europa

Linsengemüse
Griechenland

500 g kleine, braune Linsen,
⅛ l Olivenöl, 2 Lorbeerblätter,
1 TL getrockneter Thymian,
1 TL Origano,
1 TL Rosmarinblätter,
1 Knoblauchzehe, zu Mus zerdrückt,
2 mittelgroße Zwiebeln, grob
gewürfelt,
2 große Möhren, gewürfelt,
3 Fleischtomaten, geachtelt,
2 EL Tomatenmark oder Ketchup,
½ Glas kräftiger Rotwein

Die Linsen in Wasser weich kochen,
abgießen. Das Öl in einer großen
Bratpfanne erhitzen, Lorbeer, Thymian, Origano, Rosmarin und Knoblauch darin kurz anbraten. Die ge-
schnittenen Gemüse dazugeben und
ca. 15 Minuten schmoren, dabei öfters umrühren. Gekochte Linsen, Tomatenmark und Wein dazugeben,
umrühren, nochmals 10 Minuten
schmoren. Warm servieren zu Reis
oder Kartoffeln.

Sauerkraut-Piroggen aus dem Ofen
Polen

500 g Sauerkraut,
1 TL Majoran,
1 Knoblauchzehe, zu Mus zerdrückt,
1 TL Kümmel (wenn erwünscht),
1 EL Paprikapulver,
4 EL Butter oder
Butterschmalz in Flocken,
⅛ l Weißwein, Brühe oder Bouillon

Teig
150 g Weizenvollkornmehl,
75 Butter oder Butterschmalz,
1 TL Salz, 1 Ei,
einige EL Milch

Das Sauerkraut mit Majoran, Knoblauch, Kümmel, Paprika, Butterflok-
ken und Wein mischen und in eine
Auflaufform geben. Mehl, Butter, Salz
und Ei zu einem Teig verarbeiten, zu
einer Platte ausrollen, die Form damit
zudecken. Die Teigplatte mit Milch
bestreichen. 40 Minuten bei 200 °C
im vorgeheizten Ofen backen. Mit
Kartoffeln servieren.

Kartoffelkugele
Rußland

500 g ungeschälte, gut geputzte
Kartoffeln,
2 mittelgroße Zwiebeln,
2–3 Eier,
4–5 EL Semmelbrösel,
Weizenkeime oder zerkrümeltes
Knäckebrot,
Pfeffer, Salz,
Muskatnuß,
1 gehäufter TL Majoran,
3 EL zerlassene Butter,
100 g frischer Holländer Käse,
gerieben

Kartoffeln und Zwiebeln grob reiben.
Mit den restlichen Zutaten vermengen und in eine flache, gefettete Auflaufform streichen. 1 Stunde im vorgeheizten Ofen bei 180 °C backen.
Für 4 Personen als Hauptgericht oder
für 6 Personen als Beilage.

Tagliatelli panne e ortiche
Italien

Foto

*350–400 g frische Brennesselspitzen,
geputzt (keine harten Stiele),
3 EL Butter, 3 EL Olivenöl,
2 mittelgroße Zwiebeln,
1–2 Knoblauchzehen,
4 EL Pistazien, sehr fein gehackt,
⅛ l Weißwein, 200 ml Crème fraîche
oder 250 ml süße Sahne,
2–3 TL Kräutersalz,
1 EL gekörnte Hefebrühe,
2–3 Spritzer Tabasco, wenn
erwünscht,
50 g geriebener Parmesan oder
kräftiger Hartkäse,
500 g Tagliatelle (Weizenvollkorn-
Bandnudeln)*

Brennesselblätter gut waschen, grob zerhacken. Butter und Olivenöl in einem Topf schmelzen lassen. Inzwischen Zwiebeln und Knoblauch sehr fein hacken (am besten mit dem Blitzhacker), in das Öl-Butter-Gemisch geben und goldgelb dünsten, nicht bräunen. Brennesselblätter dazugeben und unter häufigem Wenden zusammenfallen lassen. Pistazien dazugeben, alles zusammen kurz schmoren lassen. Mit Weißwein aufgießen, leicht einköcheln. Crème fraîche oder süße Sahne dazugeben, alles mit dem Pürierstab zu einer cremigen Soße rühren. Mit Kräutersalz, Hefebrühe und Tabasco abschmecken. Frisch geriebenen Parmesan unterrühren. Zu den bißfest gekochten Tagliatelle servieren. Tomaten dazu reichen.

Europa

Gerösteter Buchweizen mit Nudeln und Mandeln
Rußland

¼ l Buchweizenkörner, 1 Ei,
½ l kochendes Wasser, 1 TL Salz,
250 g Vollkorn-Hörnchennudeln,
1 große Gemüsezwiebel,
in Scheiben geschnitten,
150 g rosa Champignons,
in Scheiben geschnitten,
4 EL Butter, 20 Mandeln, gebrochen,
Salz, Pfeffer, 1 TL Majoran,
1 TL Dillsamen, 75 g Sesamsamen

Die Buchweizenkörner auf ein Backblech schütten und 10 Minuten bei 180 °C leicht rösten. In einen Kochtopf mit fest schließendem Deckel geben, das Ei dazugeben und verrühren. Auf der Kochplatte bei milder Hitze unter ständigem Rühren bakken, bis die Körner sich trennen und die Masse trocken ist. Das kochende Wasser zugießen, Salz zufügen und zudecken, bei mildester Hitze genau 30 Minuten quellen lassen (Küchenuhr stellen!). Inzwischen die Nudeln bißfest kochen, die Zwiebel- und Champignonscheiben in der Butter weich dünsten und die gebrochenen (nicht fein gehackten!!) Mandeln 15 Minuten auf dem Backblech rösten. Die aufgequollenen Körner mit dem gedünsteten Gemüse, den Nudeln, Mandeln, Salz, Pfeffer, Majoran und Dill vermischen, abschmecken. Die Masse in eine Auflaufform füllen, glattstreichen und mit Sesam bestreuen. Die Auflaufform bei 200 °C in den Ofen schieben und 15 Minuten bakken.

Buchweizenfladen, gefüllt
Blinis
Rußland

400 g Buchweizen, zu feinem Mehl gemahlen,
1 Päckchen Trockenhefe,
½ l Wasser, 1 TL Salz, 1 Ei,
Butter zum Ausbacken,
250 g Kaviar oder geräucherter Lachs, 250 g saure Sahne

Das Buchweizenmehl in eine Schüssel geben und in die Mitte eine Mulde drücken. Die Hefe in dem Wasser verrühren, in die Mulde gießen, mit etwas Mehl zudecken und warm stellen, bis die Hefe aufgeht. Salz und das Ei dazugeben, alles gründlich mischen. Nochmals gehen lassen, bis der Teig richtig schäumt. In heißer Butter von dem Teig kleine, handtellergroße Pfannkuchen ausbacken. Mit 1 TL Kaviar oder einer kleinen Scheibe Lachs belegen und mit saurer Sahne servieren. Eine superelegante Vorspeise. Sekt oder Wodka dazu reichen.

Polenta mit Möhrensoße
Italien

250 g Polenta (Maisgrütze),
1 l Wasser, 1 TL Salz,
1 EL Öl, ⅛ l Sahne

Polenta in einer trockenen Pfanne ca. 5 Minuten unter ständigem Rühren bei mittlerer Hitze anrösten, bis sie duftet. Inzwischen das Wasser mit Salz und Öl in einem Topf mit möglichst schwerem Boden zum Kochen bringen. Die geröstete Grütze langsam in das Wasser rieseln lassen, dabei kräftig mit einem Schneebesen schlagen, damit keine Klumpen entstehen. Weiterrühren, bis die Polenta anfängt einzudicken. Hitze auf kleinste Stufe zurückstellen (am besten den Topf auf eine Asbestplatte stellen), Polenta zudecken und ca. 30–40 Minuten quellen lassen, dabei häufig durchschlagen. Kurz vor Ende der Kochzeit die Sahne einrühren. Die Masse auf eine große Marmorplatte oder ein Holzbrett ausgießen, ca. 15 Minuten ruhen lassen. In grobe Scheiben teilen und mit Möhrensoße servieren.

Möhrensoße

500 g Möhren, 1 dicke Gemüsezwiebel,
3 EL Butterschmalz, 1 Bund Petersilie,
⅛ l Weißwein, ⅛ l süße Sahne,
1 gehäufter TL Dillsamen,
1 TL Kümmel, Salz,
schwarzer Pfeffer aus der Mühle

Möhren und Zwiebel fein hacken und in Butterschmalz andünsten, bis sie leicht gebräunt sind. Petersilie fein hacken, mit dem Wein und der Sahne zu den Möhren geben, aufkochen, leicht einkochen. Dill und Kümmel in einer trockenen Pfanne rösten, im Mörser zerstoßen, mit Salz und Pfeffer in die Soße geben und abschmekken. Zu Polenta oder Reis servieren.

Nuß-Knaidlach
Polen

8 EL feingehackte Zwiebeln,
3 EL Öl,
150 g Weizenvollkornmehl,
150 g Weizenkeime,
4 Eigelb,
⅛ l (oder etwas mehr) kaltes Wasser,
1 TL Salz,
250 g Weizenvollkornbrot,
in Wasser eingeweicht, in einem Küchentuch ausgewrungen und zerrissen,
100 g Walnüsse, fein gehackt (auch Haselnüsse oder Sonnenblumenkerne, in Butter geröstet, sind gut),
4 EL feingehackte Petersilie,
je 1 TL Salbei und Majoran,
4 Eiweiß, steif geschlagen,
2 l Wasser

Die Zwiebeln in Öl goldgelb braten, mit dem Mehl und den Weizenkeimen mischen. Eigelb, Wasser und Salz vermischen, zu der Zwiebelmischung geben und gut durcharbeiten. Brot, Nüsse und Kräuter unterrühren. Den Eischnee unterheben und die Mischung 15 Minuten ruhen lassen. Das Wasser in einem großen Topf zum Kochen bringen. Kleine Bällchen (=Knaidlach) aus dem Teig ausstechen und 15 Minuten in dem Wasser sieden lassen.

Gefüllte Eierpfannkuchen

Foto

Blintzen
Polen

2 Eier, leicht geschlagen,
¼ l Milch (oder ⅛ l Mineral-
wasser und ⅛ l Sahne),
100 g Weizenvollkornmehl, sehr fein
gemahlen, Salz, 3 EL Butter

Kartoffelfüllung (Hauptgericht)
750 g gekochte Kartoffeln, geschält,
gestampft, 2 Eier, 2 EL Weizenkeime,
Salz, Pfeffer, 2 Zwiebeln, fein
gehackt, in etwas Fett gedünstet

Käsefüllung
250 g Frischkäse, 500 g Schichtkäse,
abgetropft und ausgepreßt, 2 Eigelb,
1 EL Honig, 1 Prise Zimt,
abgeriebene Schale von
½ unbehandelten Zitrone

Apfelfüllung (Nachspeise)
750 g süße Äpfel, fein geraffelt,
sofort mit 2 EL Zitronensaft
vermischt,
50 g Rosinen,
75 g Walnüsse, gehackt,
1 Prise Zimt, 2 EL Honig,
2 Eiweiß, leicht geschlagen

Eier, Milch, Mehl und Salz mit dem elektrischen Handrührgerät gründlich mischen, bis ein glatter Teig entsteht. Im Kühlschrank 2 Stunden ruhen lassen. Jeweils gut ¼ EL Butter in einer kleinen, schweren Pfanne schmelzen, 3 EL Teig hineinschöpfen, durch Schwenken der Pfanne verlaufen lassen, so daß der Teig gleichmäßig verteilt ist. Leicht bräunen, aus der Pfanne auf ein Küchentuch gleiten lassen und die Pfannkuchen zusammenklappen. Die Teigmasse ergibt etwa

10 Blintzen von 20 cm Durchmesser.
(Wenn Sie schon mal in voller Fahrt
sind, können Sie noch viel mehr Blintzen backen. Die einzelnen Blintzen
mit Pergament-Trennblättern aufsta-
peln und einfrieren – sie halten wunderbar.)
Für die Füllung (nach Wahl) alle Zutaten gründlich miteinander vermischen. 2 gehäufte Teelöffel Füllung
auf einen Blintz geben, die Ränder
links und rechts einklappen und zusammenrollen. 2 Eßlöffel Butter in einer Pfanne nur leicht erhitzen, die
Rollen nebeneinander sehr langsam
goldbraun bräunen. Vorsichtig umdrehen, die andere Seite genauso
braten. Zu Blintzen mit Käsefüllung
ungesüßtes Obstpüree und Joghurt
servieren. Zur warmen Blintzen-Nach-
speise saure Sahne.

Nudelpudding mit Ananas
Polen

*250 g feine Vollkorn-Suppennudeln
oder -Spaghetti, 500 g körniger
Frischkäse oder Schichtkäse,
150 g saure Sahne, ⅛ l Milch,
500 g Ananas (aus der Dose), gut
abgetropft, fein zerhackt (Pfirsiche
oder Aprikosen sind auch gut),
3 Eier, 3 EL Honig, 4 EL Butter,
geschmolzen, 100 g Rosinen,
je 1 Prise Vanille und Zimt*

Foto

Die Nudeln gar kochen und abtropfen. Den Backofen auf 180 °C vorwär-
men. Alle Zutaten vermischen und in
eine flache Auflaufform geben.
1 Stunde backen, bis die Oberfläche
golden überkrustet ist.

Europa

Käsepfannkuchen
Deutschland

250 g körniger Frischkäse oder
Schichtkäse, gut abgetropft,
2 Eier geschlagen,
1 Becher (150 g) einfacher Joghurt,
150 Weizenvollkornmehl,
fein gemahlen, ½ TL Salz,
¼ TL Cayennepfeffer, 2 EL Butter
und 2 EL Öl zum Ausbacken

Alle Zutaten bis auf die Butter vermischen und 10 Minuten quellen lassen. Das Fett in einer Pfanne erhitzen und kleine Plinsen ausbacken. Mit Joghurt und Apfelmus servieren.

Orangensalat

6 Orangen, 2 säuerliche Äpfel,
ungeschält, grob gehackt, mit
1 EL Zitronensaft vermischt,
3 EL Honig, mit 1 Becher saurer
Sahne vermischt,
4 EL Kokosraspel, in 1 EL Öl
leicht gebräunt

Die Orangen schälen, quer in dünne Scheiben schneiden und auf Portionsteller verteilen. Die Apfelstücke auf die Orangenscheiben häufen und mit der Honigsahne beträufeln. Mit Kokosraspeln bestreuen und servieren.

Register

Register

Register

Vollwertkost – schmackhaft und gesund

Barbara Engelmann/ Ernestine und Irene Kohl
Selber backen mit Vollkorn

Ausführlich beschreibt dieses Buch die verschiedenen Zutaten und besonderen Backtechniken sowie die grundsätzlichen Aspekte für den Kauf von Getreidemühlen, ihre Vorteile und Nachteile. Im Mittelpunkt stehen die Rezepte – für Brote, süße und pikante Kuchen und für Kleingebäck, für schöne Verzierungen und geschmacklich auf das Vollkorn abgestimmte Füllungen und Beläge.

3. Auflage, 95 Seiten,
97 Farbfotos,
1 farbige Zeichnung

Barbara Böttner
Vollwertkost mit Genuß

Vital und gesund durch natürliche Ernährung: Getreidebreie, Müslis, Gerichte aus den verschiedenen Kornarten, Gemüsegerichte, Teigwaren, Brot, Kuchen und Süßspeisen.

2. Auflage, 143 Seiten,
zahlreiche Zeichnungen

Barbara Engelmann
Vollwert-Nudelgerichte

Die Kohlenhydrate: Arten, Aufgabe, Bedeutung, Bedarf; die wichtigsten Zutaten; Nudelteig: Grundrezept, Nudeln kochen; Rezepte: Suppen, Salate, einfache Nudelgerichte, gefüllte Nudeln, Nudeln aus dem Ofen, chinesische Nudelgerichte, süße Nudelgerichte.

95 Seiten, 72 Farbfotos

Barbara Böttner
Vegetarische Vollwertkost

Gesunde Gerichte für jede Tageszeit bietet dieses Buch – ein Rezeptangebot vom Frühstück bis zum Abendessen: für Müslis, Brot und Brötchen, Brotaufstriche, Rohes und Frisches, für gekochte, gebratene und gebackene Getreidegerichte. Die meisten Rezepte dieses Buches verzichten auf tierisches Eiweiß oder nennen alternative Zutaten, wie z. B. Sojamilch.

95 Seiten, 25 Farbfotos

BLV Verlagsgesellschaft München